施青萍（田菁）著

文學叢刊之一一二四

行萬里路

——寰宇記遊系列第三輯

文史哲出版社印行

國家圖書館出版品預行編目資料

行萬里路 / 施青萍（田菁）著. -- 初版. -- 臺北
市：文史哲， 民 90
面； 公分. --(文學叢刊；124)（寰宇記遊系
列：第 3 輯）

ISBN 957-549-374-5(平裝)

1. 世界地理 － 描述與遊記

719.85 90011561

文學叢刊 124

行萬里路（寰宇記遊系列第三輯）

著　　者：施　青　萍（田　菁）
出 版 者：文　史　哲　出　版　社
登記證字號：行政院新聞局版臺業第五三三七號
發 行 人：彭　正　雄
發 行 所：文　史　哲　出　版　社
印 刷 者：文　史　哲　出　版　社
臺北市羅斯福路一段七十二巷四號
郵政劃撥帳號：一六一八〇一七五
電話 886-2-23511028 傳眞 886-2-23965656

實價新臺幣 二八〇元

中華民國九十年七月初版

ISBN 957-549-371-0

《行萬里路》序

無名氏（卜乃夫）

不久之前，在一次演講中，台灣工業科技界教父張忠謀氏說過十二句頗具震撼性的話。他說：「目前整個世界經濟結構和運作已發生了巨大新變化，從前，一個人想要做幾億美金的富翁要奮鬥數十年，甚至一輩子。將來，可能不到十年，就會達到目的」。

若仔細分析張氏的話語，其內涵其實有正與反。正面性是：一個國家擁有愈來愈多的富豪，國家也就更富了。反面性是：它的社會的銅臭氣可能越來越濃於書香氣了。有時財富不一定與文化繁榮成正比。「科威特」是石油驕子，人民幾乎富甲全球，但許多年來，它有什麼偉大的文化貢獻？人民的口頭禪總是：「這是一個金錢世界！」

誠觀台灣那些成功的企業家和富翁。他們的大腦中樞神經幾乎全是金錢織成的，再不，中樞神經空間也是個奇怪的舞場，數不清的黃金、美鈔、股票日夜在跳閃電舞、霹靂舞。能有幾個人把這片空間留點餘地供奉文學藝術之神，或文化之神？

正是在這種世紀性的黃金氣氛包圍下，我們就不得不相當欽佩施青萍先生（田菁）了。

他是菲律賓華人企業家，出身清寒，好不容易憑仗不斷奮鬥與智慧，四十年來創辦了數家紙業公司、造紙廠，任「造紙公會」理事要職，躋身企業界堯楚。但他絕不讓黃金、美鈔日夜在大腦中樞空間跳閃電舞，卻熱愛文學、學術名作，遍讀古今書。他更愛中華文化，景仰二次大戰後，五十年代那些中華文化異域的拓荒者，他們在華文報「晨光副刊」提倡中國文學，結緣為「晨光之友」。「學習寫作、寫作學習」，稍後正式成立為「晨光文藝社」，出任首屆常務理事，全心全意投入，力傳中國文化異域薪火。今日「亞洲華文作家協會菲分會」，就是火炬所在地。去年我應邀訪問「馬尼拉」，欣賞、呼吸到一大片絢麗的火燄，真是感動不已，更感受青萍先生和許多文藝工作者多年的辛苦。

青萍兄熱心中國文學，發揚中華文化，可謂劍及履及，他篤信中國古訓：「讀萬卷書，行萬里路」，故遍遊四海、撰寫了「行萬里路」系列數書。他的散文流暢、老練。大半生從商，文筆如此練達，實屬不易。

一般來說，散文大致可分八類。這就是清談、妙悟、幽默、諷刺、感懷、抒情、記敘、寫景。青萍先生屬文，以記敘見長。他的兩本遊記，有不少高水平的記敘文。

比如，他記世界「七大奇觀」之一的印度「泰姬、瑪哈陵」，除細述其歷史背景外，更對動員二萬苦力及技工，歷廿二年才完成的這座建築瑰寶，有相當生動詳盡的描畫。（按此陵廣徵四海著名堪輿、工程師、藝術家、設計師數十人，才草成設計圖。）原文約略如下：

「遊『泰姬瑪哈』，一定要充分時間，因陵園廣闊，佔地約一百公頃，陪襯建築物也有十數座。除了四座尖塔與主體一樣，用純白大理石所造，其他較大的建築物則以深淺有序的「紅砂石」建成，賓主分明。此外如「水池」佈局，綠地花木、絲柏(CYPRESS)的分配，大小比例均稱，無懈可擊。主體陵廟以純白大理石，配以不同材質雲石堆砌而成，浮現隱約可見的花紋。再嵌鑲大量貴重寶石，尤其是稀罕的「夜光石、反光石」等，讓這座圓頂回教形式優美陵廟在四時、晨昏發射各不同的光彩。綜觀這陵園建築、古今學術界最大讚美是：佈局「比例學」功夫獨到，近觀不見其大，遠眺不見其小，工藝細緻是世界上諸大建築物所僅見。其地基極穩固，於今三百餘年，尚屹立不動。」

過去我也拜讀過中國人寫的印度遊記，也提及「泰姬瑪哈陵」者，卻從無一篇像此文如此周延，詳盡。

又如他記述名建築大師貝聿銘設計的法國羅浮宮玻璃大金字塔，除談「塔」外，又添了一段其他遊記極少撰寫的文字如下：「他把中央廣場地下挖空，騰出了一個寬敞多功能大廳，其中包括票務、警衛、餐廳、商店等單元及數部自動梯通向各樓展覽室，再在上面覆蓋一個透明的大金字塔，作為採光及入口之用，使得人們產生在地下猶如在地上的錯覺。外觀方面由於比例拿捏得準，且有噴水池及三個小金字塔作陪襯（也有採光作用），十分和諧，沒有喧賓奪主的感覺，真是神來之筆。」

「金三角搜秘」也是記敘文佳品，限於篇幅，其餘不詳評了。

本書內容實在豐富。像「塞車之都」，報導七十年代泰京曼谷塞車成災，街上各車擁塞，水洩不通，卡在路上三、五小時，司空見慣，有乘客不得不常在車上用午餐或晚餐，真是有趣。

本書也告訴你「菲國」有數百萬人赴國外求職，大半當菲佣打工，每年賺五十——七十億美元外匯，是菲國滙率持穩的支柱。此書還告訴你，「瑞士」人每年平均收入高達二萬四仟八五〇美元（一九九五年的統計），為環球之冠。讀者可從書中吸收不少世界知識。

我也很欣賞書中不少卓見：一是他批評老總統蔣公有點糊塗，勝利後竟不向戰敗國日本索取賠償。（筆者按，戰後大陸經濟凋敝不堪，如獲日本巨大賠償或可稍延緩經濟崩潰數年。）一是他分析菲國今日之窮困，馬可斯總統貪污腐敗固是一因；但菲國左派游擊隊多年作戰，煽動罷工，亦是一要因。但我最佩服的卻是：他在一九九七年七月廿六日綴一文：「波茨坦宣言五十二周年有感」，他竟預言，公元二〇〇〇年在野黨會取代國民黨執政，民進黨台獨派人物定會當選總統。不到四年，其預言果中，實在令人欽敬之至。

兩句話：他是菲僑企業界一個奇人，也是一顆「馬尼拉之星」。

二〇〇一年元月於台北

寫在「行萬里路」第三輯

付梓前夕

一九九六年拙作「行萬里路」第二輯增修本，承台菲名作家許希哲先生代為編纂，文藝評論家周伯乃先生熱心指導，「台揚出版社」專業化的策劃、出版，使拙作能在台北發行，銷售全島。誠為本人之最高榮耀。

查菲律賓華文教育，經過日本統治年代。（一九四二年元月二日佔據菲律賓首都「馬里拉」市至一九四五年八月十五日投降）前後將近四年的停頓。復於祖國內戰繼起，而臍帶中斷。稍後又集體轉籍，成為菲國公民，落地生根與當地人打成一片，融合於菲國主流社會，成為多元民族的一員。因而華文日趨式微，時至今日雖尚有苦心人執著為中華文化在海外薪傳而努力，然而年輕一代能熟諳中文者已漸漸減少。

幸得在漫長的半世紀、菲華熱愛中華文化的文藝工作者，配合著華校無悔無怨的海外華文薪傳而努力。除了在四大華文日報副刊闢有文藝園地默默耕耘外，邇來個別出書已漸成為風氣，這是值得吾人鼓舞歡欣。

四年來在這個大氣候鼓勵下，拙作將近百篇。今再擇其與「行」有關的作品，結集「行萬里路」第三輯，其中文體仍然以旅遊為經，所思所感為緯，輔以評述、歷史與照片，有別於一般遊記，好讓歷史與照片給您親切明瞭的意象。

二〇〇一年七月

附註：本輯各文文後，均有撰寫日期，以有助於對文中時、空概況的瞭解。

目錄

隨遇喋喋

瀛寰鴻爪

其他

兩岸依依

閩越是我家

生為福建人、說的是閩南母語，卻對「福建」是那麼的陌生。幼年失怙，在出生地石獅大埔鄉上了一年私塾，日本鬼子就發動全面侵略戰爭，孤兒寡母倉惶逃難渡菲依親，只過了四年太平的日子，詎知日本軍國主義又發動了太平洋戰爭。菲國淪陷三年有餘。迨日本於一九四五年八月十五日無條件投降，方慶太平回鄉有期，豈知故國內戰繼起，共軍蓆捲大陸，神州變色。回鄉之路遂斷。福建！福建！從此模糊……。

這番承名震國際交響樂隊指揮家、福建音樂學院董事長（創辦人）蔡繼琨、吳秀灼教授夫婦的邀請，特別安排了：廈門、石獅、大埔鄉、永寧、水頭、福州、武夷之遊，勉強在福建省的地圖中，構成了一個三角洲之旅。

福建省是中國東南部沿海多山的省份。北鄰浙江、西連江西、南界廣東、東臨台灣海峽，面積約十二萬平方公里。據一九八二年官方資料所示，計有人口二千五百八十七萬。目前人口忖量連同由外省來閩打工者計算，應該有四千萬左右罷。我省地屬丘陵，山地丘陵佔百分之八十強，屬中亞熱帶氣候、冬不嚴寒夏無酷暑，物產豐富；以高級木材、漁產、水果、農產品、礦產金屬、各類建築石材，林林總總，產量殊豐。加以教育普及，人才輩出，在全國各省之中具有舉足輕重地位。

「廈門」這顆南方明珠，是閩南走向世界的通道。早在清末年代已是萬商雲集的港口。公元一八四二年清庭與英帝簽訂「南京條約」，除賠款割地外，並被迫「五口通商」。其中「五口」包括了本省的「福州港」及「廈門港」。故「廈門」早在百年前就成為本國數一數二之港都，連仝蕞爾小島「鼓浪嶼」也發展成為「萬國租界」，島上沒有車道，環境幽靜，四面環海，堪稱世外樂園，居民以各國領事，外交官及少數富裕的「番客」為多（在外國定居偶爾返鄉的國人，以在島上置有豪宅為身份的表徵）筆者童年有幸於一九三七年逃難候輪渡菲依親，寄居伯母鼓浪嶼家中一個多月，深深領略這小島高雅清靜幽美的環境，同時也讓我有機會乘小渡船往廈門中山公園蹓躂。「中山路」「思明路」繁華的街景讓我眼界大開，又看了生平第一場的電影。改革開放以後，我得有機會數度返里謁父陵、祭祖、探親及參與

「菲律賓大埔鄉同鄉會」，在故鄉捐建校舍，造路等改善大埔居住環境，輔助教育的義舉，總算盡點故鄉情的心意。

今日「廈門」自辟為經濟特區，廿年來的變化令海外的歸僑驚嘆驕傲不已。市區擴大了，公路四通八達，工廠區整潔宏偉，市區交通秩序井然。難怪幾位年長的友人經常在「廈門」作長期的渡假。

筆者於一九九七年初秋訪問「海滄工業區」（參閱拙作「王永慶、海滄、麥寮」一文）「海滄廈門大橋」剛在興建，而投資者尚寥寥不多，唯一較代表性略具規模的台商，當推「台灣翔鷺滌綸紡織廠」。今日吾人重訪「海滄」繞遊一週，「台灣翔鷺」工廠新建廠房設施林立、數棟員工宿舍大樓矗立在艷陽下閃閃生輝。其他如美國攝影器材軟片巨人(KODAK)「柯達」已在佔地數十公頃的廠房開始投產。台商、外商嶄新亮麗的廠房在碧空下熠熠展現。

為了能較週詳的來觀賞這一座橫跨廈門、海滄特區傑出設計飛逸別緻的大橋，筆者於翌日與內子秀蘭專程驅車前往今年才通車的「海滄」大橋兩岸，包括其龍迴鳳轉的交流道，感嘆其施工神速，設計剛中有柔，線條和諧優美，只可惜是日天公不作美，毛毛細雨讓我這位攝影「大師」，英雄無用武之地，未能給讀者提供一幀較能詮譯「海滄大橋」優美的照片。

「石獅市」這以地攤起家的僑鄉市集、百貨集散重鎮，十幾年前紅極一時。「石獅人」

荷包裡有的是大把的「港幣」、「美金」，高人一等。曾幾何時「改革開放」之風蓆捲神州，交通暢通無阻，鄰近市鎮相繼發展，「廈門特區」近在咫尺，「石獅」已無昔日風光，市面清淡，建築業走向谷底。由菲華百貨巨子施至成兄所投資的 SM MALL 商場，雖已竣工落成，惟由於沒有足夠的客源而漸時「冷凍」可見其一斑。

「大埔鄉」我的出生地，稚年逃難依稀記憶中，故居「六合院」綠瓦紅樑巨宅，半世紀後 1987 年重返故居，已是面目全非，只剩下西廂兩房及一張據說是我和媽的大床。其他坍下來的木材及傢私，不是被親戚賣掉，就是被鄉村徵收蕩然無存。

這回是我自「改革開放後」，第六度返里，除了要看著我為「明珠」妗、表弟一家人斥資興建的洋樓新居，它於前年經已竣工落成，並早於去年遷入新居；同時作第六度的祭祖謁父陵。新樓雖不算大，卻明亮大方，五房二廳，西式衛生間，浴室等。他們一家人居住綽綽有餘，私心甚慰。臨別再三叮嚀「明珠」妗一家人：應重環境衛生，不慕浮華力求整潔，後園空地應整辟為綠地，栽花植樹讓它綠意盎然，四季鳥語花香，教養第二代知書識禮，俾書香花香重現我家故居。（施家五代於一九三七年已全部移民菲國，小部份星散歐美，目前尚留守這破落故居的「周明珠」是家母的弟婦，而其他龐大的房地產及田地均為新中國政府所沒收，連同鼓浪嶼、廈門的房地產，雖曰可以申請討回，惟族人星散、地產於我並無用處，八年前經向「大埔鄉」領導表示放棄索討權利。）

「永寧」、「水頭鎮」是執友盧祖蔭的故鄉及投資基地。五年來我曾數度與他同行返里。一抵故土他馬不停蹄地忙著策劃重建他的先祖父林登濱於一九〇一年創辦的「永寧行實小學」。

其先祖父前清貢生林登濱（一八六五至一九三九）於一九〇一年創辦「永寧行實小學」，開閩南晉江新學之風，其子林戕瑛、媳盧文理、女林朝素，尊訓繼業，以反封建為已任，在「行實小學」基礎上再接再厲創辦「競新女校」。兩代人半世紀的耕耘，使「行實」在「石獅」教育史上留下光輝的一頁。十年來祖蔭兄夙夜匪懈，工商業並進有成，為弘揚其先祖重教興學之遺德，遂有重建「行實」之想。一九九五經人民政府歸還原行實小學之舊址佔地十畝，祖蔭兄遂獻捐巨資興建一座三層樓之「行實幼兒園」，並於去年九月廿五日竣工。這次筆者特別安排時間前往參觀；校舍係水泥鋼筋的三層大廈，設計新穎堂皇，幼童遊樂益智設施齊全，其間三樓設有其先祖父「林登濱紀念堂」，莊嚴寬敞可作禮堂之用。

「水頭」是新興的工業區之一，五年前祖蔭兄披荊斬棘與友人合作創設「永順紡紗織布廠」，筆者眼見他克服種種困難，終於今日發展成為一貫作業的紡紗織布廠，令人敬佩不已。

午後乘坐盧兄祖蔭的簇新「朋馳」轎車直驅福州，全程二百廿公里。在寬敞平坦三線的高速公路，以一百廿公里時速行駛，兩小時許即抵達福州，通路費是人民幣八十元，若與既往年代由石獅到福州就使是自備車也要十小時以上才能抵達，真是值回票價。

夫交通為經濟之命脈，中國政府看準了要發展經濟，必需搞好交通，通訊網路。而長久以來國際金融組織則存有巨額的美金及黃金。因此長期貸款條件輕鬆，利息低微，黃金則削價求售。中國各省遂相繼以長期之貸款來發展高速公路，造橋挖洞，廿年來以鳩收「通橋費」、「通路費」方式還款而完成的工程，不勝枚舉，有目共睹。反觀菲律賓一條南北呂宋高速公路（約七百餘公里）搞了四十年，於今只完成兩百公里，且要以EDSA大道通過「大馬里拉」市繁忙的街段才能貫連。究其原因不外是人為的政治因素、鳩收通路費太低、徵收土地費時費事，致殊多高速公路計劃均長期拖延，真是可憐！順此一提。

「福建省音樂學院」創設在吾省「福州市」，是菲律賓華人國際知名交響樂隊，指揮家蔡繼琨、劉教授秀灼夫婦赤手空拳，披荊斬棘歷盡辛酸而設立的一所國家級「音樂學院」。筆者有幸於十月下旬偕至友丁逸郎、盧祖蔭及梁契權等，蒙其邀前往榕城一遊，參觀其所創立之「福建音樂學院」。經多次聯絡後決定於十一月十日分別由「馬里拉」及「香港」前往福州會合。惟直至最後一分鐘，丁逸郎夫婦由於商務絆身未克成行，祖蔭伉儷雖已抵達「廈門」，亦因要事未克赴約。如期抵達者剩下筆者偕內子秀蘭及由香港飛來的梁契權夫婦。是日「福建音樂學院」為吾人舉辦的歡迎節目，包括當晚豐富的晚宴外，並假該院聯誼廳作簡報及觀賞錄影片集，詳細介紹蔡董事長大半生蜚聲海內外的「指揮生涯」及在音樂界傑出的貢獻，更難能可貴的是去年他九一高齡在廈門指揮六場交響樂隊的現場錄影記錄片，見其英姿煥發不減當年，勁力十足有如統領百萬雄師之「暴君」，征服了數千聽眾，令人衷心敬佩！

翌日秋風瑟瑟秋雨綿綿，室外寒意襲人，卻難掩主人的熱情。董事長蔡繼琨夫婦、劉副董事長以光教授、青年才俊李良榮先生早已安排了一整天的「福州」精華遊：「西湖賞菊」、「林園戲鳥」、「西禪觀塔」，並遊覽「鼓山湧泉寺」、「馬尾經濟區」、「江賓大橋夜景」等。且分別招待福州名菜於「天福大酒樓」及「元洪大酒樓」。蔡董事長以九二高齡仍全程作陪，令內子秀蘭及筆者感動不已！

第三天主人為吾人舉辦了一個盛大的音樂歡迎會：節目由全體師生演奏古今中外名曲十數首，尤以男中音李文祥的「延安頌」、李真、龔明磊同學的「貝多芬二重奏曲」G大調及吳星玫同學的「翻身的日子」等，都是高水準的演出，真是繞樑三日！

更難能可貴的是「福建音樂學院」不但在音樂課程上用功夫，同時其「訓育」教學上亦可圈可點，住宿生在紀律這方面也有嚴格的規範。相信各位同學在步出校門時，將是一位堂堂正正的音樂工作者。我在這裡向您全體師生致最高的敬禮！

第四天上午尚有精彩的遊覽節目，唯筆者在「廈門」吃壞了肚子，這兩天雖然服了成藥，小心飲食，仍然麻煩多多、頻頻失儀趕「一號」，直至中午揮別時才稍為正常。這要謝謝「音樂學院」醫務室的鄭小姐「對症送藥」。

下午三時許的福州火車站與蔡董事長、劉秀灼教授夫婦、李良榮先生等依依握別。搭乘火車前往我省文化瑰寶「武夷山」。由福州到武夷這一線，國際的觀光客不多，火車是一般所謂「硬座快車」，沿途二百公里停了四個站，包括「南平市」，為「菲律賓華僑戰時血幹團」的發祥地（福建南平第十三兵源補充訓練處，學成返菲學員在日治時期組織地下抗日除奸團體）因此費了六個半小時才抵達武夷，「中旅」黎小姐已在那裡久等了。

在半夜時分帶著滿臉倦容住入「玉女大酒店」，這是一家三星級、四層樓渡假式的酒店。我們被安排在二樓。這也好！省些氣力爬樓梯。豈知一上二樓走廊即煙味襲人，且有三位應召女郎在與房客招生意。及至入房即急於打一個電話給一位蔡董事長的學生朱小姐，她畢業鋼琴系，前年她嫁到武夷市，現任音樂教授於武夷。由於蔡董事長通知她：我們這一對「寶貝」光臨武夷。深恐她掛懷，禮貌上一定要通知她才好，豈知房中電話不能接外線，再三大聲抗議都無效。答案是「本酒店的規定」。不得不下樓去總機打這一通電話。當值經理很客氣地說：「現在您在樓上房裡可以通外線沒有關係。」我一時很不客氣告訴他：「我只要打這一個電話，不用了！」。當值經理還把我們的房間搬到四樓去，那裡比較清靜，然而深夜裡還是有應召女郎電話相擾。由於今日大陸經濟、交通都有長足發展，中國人旅遊人口日多，而這些中年幹部，商人很多是當年「文革年代」的無法無天的「紅衛兵」，這一代人的文化水準是可以想像的，因此「玉女大酒店」才會有種種對待旅客的怪現象。直至第四天午後吾人欲往機場時，由於「中旅」尚未付款因而不得離開飯店，同時房間門的電子鎖過中午也自動封死不能進房。吾人雖早已在福州全部付給「中旅」包辦，為了要趕上飛機只得讓導遊黎小姐留下「作押」。吾倆則驅車逕往機場。

眞是「玉女糗事一籮筐」

武夷山位於福建省西北部，總面積約有十萬公頃，分為四個保護區：東部自然與文化景觀、中部九曲溪生態、西部生物多樣性及「閩越王城」遺址等四區。是由大小卅幾個山峰、山岩所組成，是群山而不是座山，因此一般遊客都只能點到為止。武夷不但是國家級「自然保護區」，和國家重點風景名勝區，同時於一九九九年十二月一日榮獲「聯合國世界遺產委員會」第廿三屆大會與會的各國代表全體一致通過，將武夷山列入「世界文化與自然遺產名錄」。而全球有六百三十一處被列為「世界文化或自然遺產名錄」之中，僅有二十二處是有雙重（文化及自然）遺產的殊榮。因此「武夷」身價百倍。

這次吾人雖有三天的時間來遊武夷山，但是武夷山遊覽區是「群山」，大小山峰卅餘處，一般旅客遊點不外主要十區；「水簾洞景區」、「天心景區『武夷神茶大紅袍』文化之旅」、虎嘯岩、碧雲岩、雲窩天游、九曲溪、星村景區、一線天景區、桃源洞及「武夷宮」等十區。筆者雖遊了其中七區，惟以「一線天」、天心景區的「大紅袍」、「雲窩天游」及「九曲溪竹筏遊」最有印象。

今日遊武夷山要步行的路會更長些，由於國家對這一列為：「世界文化與自然雙重遺產」的國寶，保護有加，深恐汽車油煙污染空氣環境，故在入口處本來可以停車的廣場禁止行車，遊客悉數要多步行一段不算短的路程才能抵達遊覽區的入門處。因此筆者建議一般遊客，最好是走一趟「雲窩天遊」、「九曲溪竹筏遊」及「天心景區大紅袍」等足矣。

武夷茶產名甲全國，尤以「大紅袍」，更是名聞遐里，主要是生態環境很適合茶葉的生長，陽光每日照射的時間不長、晨昏霧水又濃，環境未受污染是最大的因素。目前尚在每年生產五至七兩的「大紅袍」，是四棵三百餘年樹齡的茶樹，是第一代原始茶王「大紅袍」，每兩在拍賣時竟值壹兩數萬元，目前據說是上送中央並不拍賣。時下武夷「大紅袍」名茶雖是第二代產品，仍然品質優良價錢不菲。

六度返里謁父陵

盧祖蔭與筆者影於「林登濱紀念堂」

筆者在「福建音樂學院」盛大音樂會上致詞

筆者夫婦與梁契權夫婦影於福州西湖

筆者於廈門海滄大橋

筆者影於武夷「宋美齡私人舞廳」舊址

内子秀蘭影於「玉女」陽台

内子秀蘭影於「福建音樂學院」花園

賓主合影於「福建音樂學院」

筆者於廈門海滄
「柯達」大本營

筆者夫婦影於武夷
樹齡三百多年的
「大紅袍」前

筆者影於武夷「釣
魚台」

暢遊武夷「九曲溪」

海滄一角

武夷「一線天」

武夷「玉女大酒店」入口處

海滄大橋

五十年代的「晨光」之友

「回歸」前夕訪東莞

香港於七月一日回歸中國，失土一百五十五年，（一八四二年八月廿九日，上午十一時，在南京「靜海寺」簽署「南京條約」。中國割讓香港給大英帝國）重返祖國懷抱，豈不令炎黃子孫興奮雀躍。本來很想於當天前往香港，作一位歷史的見證人；惟思考再三還是臨時改變主意，逕往「東莞去探視友人梁君及外甥養華夫婦在東莞投資的工廠，他們早在去年就邀請我去「東莞」一遊。老實說：香港回歸慶祝活動包羅萬象，範圍廣闊，前後將近六十小時的慶祝活動，我這個老是慢半拍的個性，那裡有辦法去闖這個窄門。何況香港回歸，中英兩國早已敲定；「七一」只是一個儀式。慶祝節目，回歸儀式在電視機前來欣賞當會更寫意！

香港回歸最重要的課題應該是；吾人能否使香港繼續為中國繁榮而服務，香港明天能否會更好？因此看看緊鄰香港九龍半島的「東莞縣」將更具意義。

「東莞」縣位於廣東珠江口，與「深圳河」一水之隔緊鄰九龍半島。百年來深受香港所影響，故無論在經濟、文化層次都略有別於內陸諸地區。

一九四九年中華人民共和國的建立，中國與香港兩種意識形態強烈的對立，更使「東莞」成為捍衛社會主義前哨堡壘，邊防、關卡重重。一方面防止階級敵人，無形的文化思想的入侵；另一方面則要杜絕嚮往自由的叛徒潛逃香港。

七十年代末期「鄧小平」崛起，力圖脫貧，巧立其有「中國特色的社會主義」，容許局部實施資本主義的市場經濟，建立經濟特區。回歸到經濟學最基本的「供求律」，擯棄老毛的死硬的中央計劃經濟政策。十幾年來中國經濟突飛猛進。「東莞縣」的「深圳市」近水樓台先得月，首先成為「特別經濟區」，開放供國外廠商投資設廠，轉眼間「深圳市」在港人、海外華人大量投資下，經濟發展成績斐然，成為諸特區的龍頭，為今日中國改革開放奠立典範。

今日「東莞縣」各市鎮在「深圳市」蓬勃發展的衝擊下；這個昔日典型的中國沿海農村，已漸脫胎換骨；寬敞的公路四通八達，鐵路河運交錯縱橫，據說平均每平方公里，就有公路九十四公里；廣九鐵路、京九鐵路、廣梅山鐵路均匯集於此。「虎門」大橋通車、「林則徐紀念館」、「鴉片戰爭紀念博物館」等歷史文物重建，東莞已成為深圳河兩岸工商、旅遊、交通之樞紐矣。資料所示「東莞」今日計有：外資、合資、僑資、台資工廠壹萬四千家。

「東莞縣」屬轄區包括「深圳市」（今特區）橋頭、企石、橫歷、石牌、石龍、長安、虎門、圓洲等卅餘鎮市。「東江」、「珠江」支流廣佈，氣候溫和漁農產品豐富，堪稱魚米之鄉。是日下午經「深圳特區」抵達「東莞」，隨即驅車前往摯友梁君在其故鄉「圓洲鎮」所投資之紙料加工廠，該廠佔地約廿公頃，建有大廠房四座，專門收購香港、深圳工廠的廢料，尤以廢紙為多，化腐朽為神奇，分門別類各適其所，加工整理後再賣給下游廠商。不但賺了大錢，同時大大地減少廢物垃圾的數量，維護環保造福社稷。像這種勞力密集的工廠，不但香港無法立足，就使是菲律賓工資廉宜，惟在管理制度上沒有大陸的優越，也是無法生存的。

廠區旁倚「東江」，江堤有十餘尺高，江流滾滾，問梁君是否有淹水之慮，他雖在整地時填高數尺，惟仍然要靠堤岸來保護。他語筆者：近十幾年來「圓洲」未曾有水患，主要是托「東莞」大興土木之福。興建大廈廠房、建橋造路大量汲取江中沙石，無形中疏濬河道解除了水患。

在夕陽餘暉殷紅半天下，偕內子秀蘭、梁君夫婦來到了廠區荔枝園，大約有廿棵荔枝樹，是在整地時特留下來的，其中只有三棵果實纍纍、葉綠果紅嬌艷欲滴，這是梁君特別吩咐園丁一定不能動，要等我們抵達來品嚐。親手摘食荔枝是我生平第一次，故特別使勁摘啊！摘啊！聯想到大詩人蘇東坡昔日來到廣東「日啖荔枝三百顆，不妨長作嶺南人」之名句。廣東省所產荔枝名傳遐邇；如「糯米糍」、「桂味」、「妃子笑」、「槐枝」、「白糖罌」、「黑葉」等，都是上選貢品。「一騎紅塵妃子笑，無人知是荔枝來」這詩句正是唐玄宗李隆基為愛妃楊玉環，千里快馬驛站送荔枝的寫照。

夜宿圓洲大飯店並在大歌舞廳觀賞了一場港星的歌舞表演。綜觀該酒店的設備及管理，我們咸認為：姑無論是客房主廈，獨立單位套房，大歌舞廳，三溫暖等都是三星級以上的設計。

圓洲本來是農村僻地，民風閉塞，雖處「東莞」，唯長期受「東江」之隔，偏處一隅，直至五年前興建「圓洲大橋」，始真正地和「東莞」銜接；因此該飯店雖不吝工本以豪華為訴求，惟於一流客源短缺，管理經驗不足，基本設計錯失。致使與周邊環境格格不相稱。老實說：在大陸這種現象比比皆是。

毛毛細雨中我們來到了「梁契權學校」，是座佔地約兩公頃的校園，堂皇雄偉的拱門；入門的右邊是籃球場，左邊則有果園，草坪花木扶疏，綠意盎然。學校主體為三層鋼筋水泥大廈，設備齊全。據說可容學生六百人。後部另闢「芒果園」，休閒花園環境幽靜，是孩子們課餘嬉戲的好去處。

契權兄不惜巨資捐建這座學校於其故鄉，造福鄉童，為國家培育英才，是數以千計的海外華人回鄉興學的典範。夫教育為立國之本，沒有受良好教育的國民，就不會有富強的國家。

契權兄少年時代，正逢中共蓆捲大陸，建立「中華人民共和國」。像所有的老百姓一樣，盼望中國人民從此過著安居樂業的生活。不意老毛雄心勃勃，志欲領導世界革命；「三反」、「五反」、「大躍進」等運動鬥爭不輟，致令中國陷於民不聊生，前途茫茫。時廣東沿海一帶有勇氣的青年相繼潛逃香港找出路，但成功的機率並不高，通常是被森嚴的邊防部隊所格殺，或被搜捕解往邊疆「勞改營」做苦役。

契權兄幸運及機智潛泅安抵香江，稍後老毛為確保其領導地位，發動了史無前例的文化大革命，幸得梁君已人在香港，不然依他倔強的個性很可能成為一位活躍的「紅衛兵」，葬送一生前程。

每談起這段往事，梁兄總是諱莫如深，顧左右而言他。其實英雄不問出身低，這段奮鬥成功的史實，是可以大書特書的。這部冒死力爭上游的奮鬥史，是以激發萬千青年，胼手胝足，排除萬難走上致富大道，回饋故里。

歸途中取途「橋頭鎮」參觀外甥施養華、黃安娜夫婦在「橋頭」所投資的「萬康」塑膠產品工廠。是日適為週日工廠停工，且事前並未約好，故「養華」甥夫婦並不在「東莞」，仍囑主管張小姐接待。張小姐雍容大方，是一位有教養的智識份子，雖然假日仍然熱情帶領吾人這一行不速之客，繞廠參觀「萬康」的機械設備，並介紹生產流程。由於本人對塑膠下游工業殊為熟識，因此深切地了解「萬康」的機械設備及管理制度均比菲國一般類似的工廠為佳。尤其是該廠附設的精密製造模具部門；無論是機器設備、鋼材採用、繪圖設計等。在菲國只有專門製造模具的工廠始能媲美。該廠也備有柴油發電機，可見大陸沿海地區發展過速，致基礎建設成為瓶頸。發電量不足，分區停電嚴重影響生產成本，同時「電霸」應運而生，敲詐用量大的工廠頻有所聞。

養華甥童年在困難中成長，克苦完成大學課程，於七十年代以租用大商場攤位，經售家庭日常用具。以服務週到、薄利多銷奠立基礎，不上數年分店攤位竟達十三家之多。『IDEAL HOME』響亮的招牌不脛而走，銷售額日增，遂引起財力雄厚的零售業諸巨子，劇烈的競爭排斥。在沒有直接進口及生產工廠，而只是向二盤廠商採購進貨的情形下，「IDEAL HOME」（愛之家）面臨招架乏力的處境。

十年前一個艷陽普照，春光灑滿大地的上午，這對創業有成的青年夫婦，來到我的工廠辦事處。求教我這位赤手空拳在工商界，身經百戰半世紀的舅父給他們一點關於設廠生產及發展國際貿易的門徑。經筆者扼要指點及提供台灣、香港等廠商之管道。「養華甥」聰穎過人劍及履及，賢內助「安娜」是虔誠基督徒，相夫教子襄理事業。不旋踵「愛之家」不但能與資力雄厚之零售商巨子分庭抗禮，且往香港開設分店、辦工廠，稍後進軍大陸開設工廠，今日「萬康」產品銷售世界十數國家。讓我這位「老將」自嘆不如！

話說回來，我孤兒寡母相依為命生長於戰爭中，既無餘蔭又無靠山！吃盡苦頭，因而養成過份的小心謹慎習性，凡事只許成功，不能失敗，故每當商機在前，還是要評估辯證，再肯定、否定再否定……而坐失商機。因此友人說我是：「秀才造反三年不成」。我卻自我安慰解嘲：「沒有關係，人家一年可以完成的事，我十年可能也會完成！」。

邇來養華甥全家已辦完移民新加坡的手續，為子女教育找一個較為適合海外華人的居住環境，舉家遷往「新加坡」，他倆將付出：菲、港、東莞等龐大事業：要由「遙控」的代價。誠為近代之「孟母教子三遷」。

由香港去「東莞」要經「深圳特區」，一般有火車及公共汽車可搭；火車票較為便宜，故旅客多且較費時，因此一般商人都以公共汽車為第一選擇。而經常川走香港、深圳者則備有二種車牌的私家車，出入更為便捷。唯一概得由英國、中國口岸旅客檢查處，分別檢查證件及貨載行李，費時費事。是日返港巧逢週日，公共汽車排隊數十部，竟要費一句鐘才抵達「皇崗口岸旅客檢查處」，而下車排隊過關，時廿四個檢驗櫃只有十六位關員當值，又延緩了廿分鐘才過關。出關後得再經香港英方檢驗入境證件。畢竟英國人制度效率比吾人完善，因而亦快捷多了，前後不到十分鐘車已入境香江。

這並非筆者欲長他人之威風，事實就是事實。希望今日香港回歸祖國，中共為體現「深圳河」兩岸都是中國的領土。今後港、深圳兩個口岸檢查站；應立即整合為一，由特別行政區及中國口岸旅客檢查處共同管理，這樣不但更加體現主權的回歸，方便萬千過關的國人。讓中國人民直接感受回歸的好處。同時為萬千旅客的安全，盡早設法調整「右邊駕駛」車輛改為國內一般習慣的「左邊駕駛」。以策人命安全。「五十年不變」只是抽象的口號，世界事物是永遠在變的，只是變好與變壞之差耳。吾人該力求「變好」！

一九九七年八月卅日

註：今年二〇〇〇年梁君在東莞、圓洲的紙料加工廠已發展為一大規模的一貫作業的造紙廠矣。

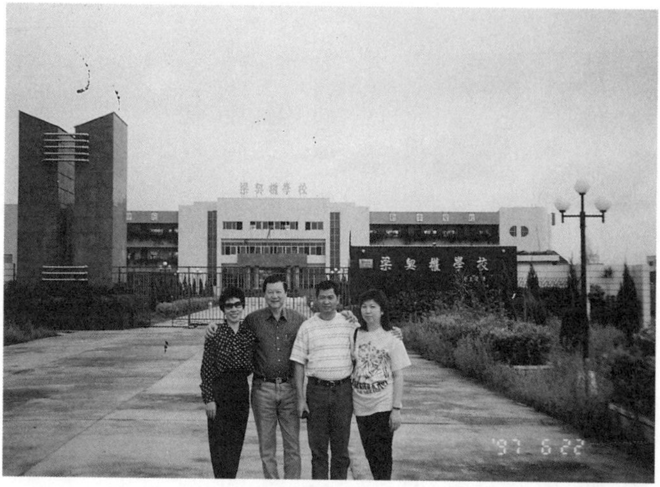

作者夫婦與梁君伉儷合影於「梁契權學校」入口處。

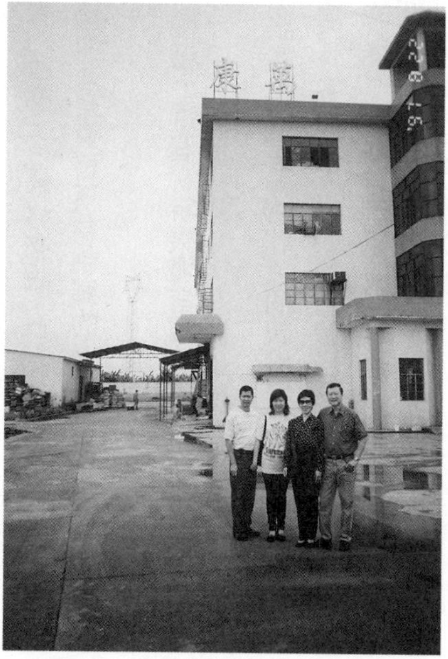

梁君和筆者夫婦合影於「萬康」入口處。

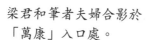

僑鄉新貌

歲月如梭，已快要五年沒有回故鄉探視鄉親父老。年初偷得浮生數日閒，約了幾位朋友再作故鄉行：帶給鄉人一些溫馨的問候，看看僑鄉在政府落實開放改革政策下的近貌。

僑鄉這個稱呼，應該是涵蓋所有海外華人的故鄉，但嚴格來說，只有「廣東」，「福建」沿海地區一帶才能算為僑鄉；而以菲華閩僑而言有資格稱為僑鄉的，當以「福州」、「泉州」、「石獅」至「夏門」一帶地區為首。

元月十六日搭乘「菲航」抵達廈門國際機場，這個嶄新機場甫啟用不久，雄偉明亮、設計新穎。可以同時容納十四架大型客機。

上下客較以前方便，可由伸縮走廊上下旅客。依筆者估計這個新機場，至少在十年內尚能應付改革開放政策，年年帶了高成長的國內外客運量。出入境查證已電腦化，惟人員尚有點生疏，檢查行李方面已沒有以前翻箱倒篋的現象，應該是已經改為一般「電子掃描」、「警犬」檢嗅等現化的設備。畢竟這是國家的門戶，把關的人還是要提高警惕把關為是！

由於機場規模大，（約台北中正國際機場的百分四十之規模，台北機場建於廿年前，目前荷負量將近飽和）令人有點太「寧靜」，自我渺小的感覺。相信過一段期間旅客多了，這個龐大的機場或許在運作上，還要作若干改正，以應實際操作的需要。

幾年不見的「廈門特區」，高樓大廈林立，工廠商社如雨後春筍，馬路寬敞整潔，綠蔭處處。據說「廈門市」是全國最清潔美麗的城市之一；這是閩南人的驕傲。繼「廈門」、「集美」大橋通車後，今日「廈門」至「福州」的公路亦已暢通無阻，昔日狹窄難行的道路已不復見。現在平坦寬闊的水泥公路，使歸僑回鄉之路更為便捷。由廈門到石獅、泉州一帶僑鄉，一個多鐘的車程就可以抵達。據聞福州至廈門的高速公路也將近完成；「晉江」機場去年初落成啟用，電力供應日趨穩定，福建省沿海一帶在「僑資」、「台資」的支持下基礎建設方興未艾。

溯自八十年代大陸實施開放改革政策，菲華僑民即一本百年來愛鄉愛國之傳統，絡繹回鄉探親祭祖，捐建學校、興辦教育、造橋修路等愛鄉愛國無私的奉獻，繼而投資各行業，是其他地區所難比擬的。

目前僑鄉經濟一片欣欣向榮，這一代文盲已不多，比起全國尚有將近百分之卅文盲，菲華鄉僑功不可沒。難怪內陸北方諸省的打工者都千方百計，申請來僑鄉工作。筆者參觀幾家

「台資」及「僑資」工廠，那裡大部份的技工均為外省來的同胞。可見僑資對僑鄉的貢獻是肯定的！希望地方官員幹部落實中央禮待僑資、台資的政策，有問題坐下來溝通開誠覓求妥善的解決，切莫排起官架子，以示其權威性、刁難投資者以期個人的私利。施至成在「石獅市」投資興建的「鞋莊商場」，筆者側聞因建築不合規定，前年「鞋莊商場」水泥架構已全部完成，而中途被迫停工。忖量「至成」兄者番參加「商總回國訪問團」，備受中央及福建省各首長的重視和接見，足以提醒地方當局要主動地，善意的解決。讓「鞋莊」早日屹立在石獅，俾給石獅市萎靡的建築業打一針強心劑。

僑鄉繁榮的另一方面：鄉人實事求是，樸實無華的美德，已逐漸被另一股歪風所侵蝕；上自官員幹部，下至個體戶、商賈撈女大都崇尚浮華排場，服裝端視名牌，一片暴發戶的心態。很多官員的「行頭」及生活上的排場，與其薪水收入大不相稱，據國際評估：中國的貪污評分還比一些東南亞國家為高。當然的，認真負責為國家為民服務的好官仍然不少。

今日我省人才濟濟，青年才俊輩出。政府應提高公務人員之薪俸及福利，擇才而用，讓他、她們廉潔有尊嚴地生活在自由經濟制度中，有如「新加坡」一樣。「戒奢崇儉」、「儉足以養廉」是中國今日應切實倡導的課題！

一九九七年三月一日

台灣特產

台灣諸多特產，我獨鍾竹筍，每於農曆春節期間春筍盛產，剔透晶瑩甘而不甜，脆中帶潤，入口細嚼另有一種口感；青筍炒「三層肉」別有一番台菜風味。唯最為我喜愛莫過於「筍乾滷肉」。筍乾二斤配五花連皮豬肉兩斤，滷它一大鍋，一碗香噴噴白米飯、一碟「筍乾滷肉」一連吃它三五天仍不覺厭膩。姨妹阿玉及其另一半阿程主有一片竹園，每於「春筍」產期擇最甜美豐腴的時刻；天尚未亮摸黑去割取春筍，故令我有機會品嚐到最道地的春筍。

台北尚有一種世界獨一無二的特產：紅包場；說起「紅包」，在華人社會過年過節，婚喜壽慶，送一個「紅包」司空見慣不在此談。

台北的「紅包場」（歌廳）則是一般喜愛緬懷五、六十年代流行時代歌曲的老歌迷唯一的好去處，它集中於台北市古老的鬧區「西門町」。

「紅包場」（歌廳）每天分日場、下午茶、晚場及宵夜三至四場，每場有駐唱歌星廿左右位，每位歌星獻唱二至三首時代歌曲。票資若以台北的標準而言堪稱十分便宜；日場只要二百元台幣、宵夜則要三百五十元。票資包括熱茶招待。據聞由於市政府牌照及稅金等原因，這幾家「紅包場」並不以歌廳為「身分」，而是以茶館、咖啡廳的「妾身未明」來迴避法規。因此其樂隊就不得成為「隊」，只容許兩位樂師，好在今日科技昌明電子琴師神通廣大，雖只兩人難成隊，惟奏起音樂仍然「有聲有式」。

「紅包場」的最大特色是「三老」：星老、歌老、聽眾老。歌星的平均年齡應該有半百吧！雖然偶有一、二年輕歌手登台獻唱，惟她們通常難立足於「紅包場」。因為「紅包場」是沒有薪水可領的歌廳。歌星的收入唯靠「紅包」。老歌星在歌壇漫長的歲月所累積新知舊雨、忠實聽眾的資產。這些喜愛留戀老歌的忠實聽眾每於心儀的歌星登台獻唱時都會依例走到台前送一個紅包，捧場捧場！少者有一百元的紅包，大者上千不等。設若歌星人緣好交遊廣在登台首日，廣邀些故友、歌迷前來捧場，則可紅包、彩帶滿場飛。筆者曾經巧逢一位老歌星的「登台首日慶」，那位年屆祖母級的歌星，歌藝不俗，身材稍嫌過於豐滿，然而風韻仍佳，尚可謂色藝猶存。

是日雖是下午場聽眾仍有八成之多，約略有六十位左右，大半是為捧場而來。這位歌星主唱了五支老歌；「何日君再來」、「月兒灣灣照九洲」、「王昭君」等，贏得滿堂采聲。估計她這場所收到的「紅包」、「彩帶」（每條由肩披下過腰的彩帶，貼滿一千元台幣數十張。）估計有四萬元之多。若加上晚場、宵夜，一筆可觀的「紅包」收入是肯定的。

紅包場瀰漫著一種濃厚的人情味；歌老、星老、客老。戀舊的情懷，過往夢景雲煙繞迴在無限的回憶中。十分鐘一瞬逝去。每位歌星唱完三首歌，步下台即往更衣室，卸下一臉濃粧，換上了便裝離場前總會向那些捧她場、遞送紅包的知音客致聲衷心的謝意，一掬親切的笑容，一聲悅耳的再見。豈止是二百元的票價。

一九九九年六月

「台灣特產」紅包場

「紅包場」歌星右手握麥克風，左手拿著紅包在台上獻唱。

郵輪遨遊不是夢

一九六九年一部「愛之船」(LOVE BOAT)電影集風靡全球，令一般中等階級歐美人士羡慕不已，以有朝一日在退休後攜帶老伴，把畢生粒積所存去作一趟環遊四海之旅。亞洲人則少有人去想這種：費時、費事、費錢的玩意兒。呆在船上十數日（選擇其中一段短程）做些什麼事？「無聊之至！」這是東西文化的迥異、經濟條件及價值觀的差距。

當年遊輪路線以北歐、中歐、地中海、近東、北非至北美、中美、南美等地區，作環球九十天或局部十數日的短程旅遊；偶爾有經過「新加坡」、「馬里拉」、「香港」、日本等亞洲地區。那年代菲國尚稱為亞洲富裕的國家，菲幣是這地區強勢的貨幣。

記得環球遊輪「伊利沙白皇后二世」(QUEEN ELIZABETH 2)一九九四年最後一次蒞臨「馬里拉」，其時本國的經濟已每下愈況，菲幣貶值，工商業不振。上船的旅客寥寥廿位而已，包括筆者夫婦及親友共六人，其時尚有四位菲同胞三男一女。其中三位竟於下船上岸「鹿兒島」玩遊時，放棄小包行李及護照證件潛逃入境，忖諒由當地日本人接應乘火車由「鹿兒島」到本州去。恰似「黃鶴一去不復返，白雲千載空悠悠」。

「皇后」QUEEN ELIZABETH-2 這次經過「馬里拉市」泊於十三號碼頭，已無昔日風采，畢竟這艘川行四海叱吒風雲的豪華郵輪，已是美人遲暮。雖然她在環球旅遊方面獨領風騷廿年。卻在今日簇新電子化豪華巨輪相繼投入競爭下，不得徐徐走上退役之路矣！徒讓喜愛她的旅客思念緬懷不已！

今日大郵輪（七萬至十萬噸級）走高消費、高品味營業路線的絕無僅有。由於「加拿大」、「溫高華」出發前往「阿拉斯加」(ALASKA)短程七日海上冰山之旅、以薄利多銷削價至每位只收加幣一仟元左右，就可以享受七日豪華郵輪遨遊於億年冰川之間，並下錨於三個北國市鎮；首府、JUNEAU、SKAG WAY 及 KETCHIKAN 等。費用是一般亞裔中等收入者所能負擔，客源日趨增加，以此模式新輪相繼投入營運。最為成功令人印象深刻者；首推「馬來西亞」華人所經營的「麗星郵輪」集團(STAR CRUISES)。據資料所示她擁有巨輪十三艘之多，均係七萬噸以上的豪華巨輪。這番吾人一行十二人相約在香港集合參加該集團郵輪之一「獅子星」號郵輪（七萬六千八百噸），前往「海南島三亞市」、「越南下龍灣」作四天三夜之海上遊。這種四、五天的遊程很適合一般中等收入的華人。目前以港、台、新加坡人而言，收價不到四百美元，是一般受薪者也能負擔得起的票價。何況四天的時間也易於安排假期。因此這一由華人主有的郵輪，旅客可以說百分之八十為華裔、華人。而中國大陸及日本、韓國等亞裔約百分之廿。歐美人士絕無僅有。故此船上所應用之言語、文字亦以華語、粵語為主、英語次之，讓不諳英語的旅客有賓至如歸之感。

但是價格低了，要維持高品味，英國式上流社會服飾、餐棹社交禮儀是不可能的，同時也沒有那麼多的客源。君不見今日以奢華高格調的郵輪相繼退役。

「麗星郵輪集團」今日能立足於這種跨國旅遊行業是件了不起的事，同時體現了亞洲華人經濟圈的形成。「麗星郵輪」大部分都是嶄新五星級的遊輪，設備比起歐美郵輪毫不遜色。

「獅子星」這一次的航程號稱四日遊，事實上只有三天三夜。第一天下午五時啟航，「獅子星」巨輪徐徐駛往「鯉魚門」海峽，左側是九龍半島繁華街景，馳名遐邇的「半島大酒店」在殷紅陽光下，體現著典雅獨具的風貌；右邊港島亮麗大廈群，背山臨海的景色在夕陽半邊天中眩耀。

白雲藍天、落日璀璨、清爽的海風，「獅子星」緩緩駛入低垂夜幕中。這一幅巨輪出海圖，真是令人神往憧憬不已！

「獅子星」豪華五星級的硬體設備，與一般遨遊四海的「愛之船」相比，可以有過之而無不及。惟由於軟體的水平係採取符合廣大中等收入的亞裔、港人、華人等。故整條船是「嘉年華會」方式，熱烘烘節日氣氛濃厚；諸如客房可加一至二張吊床，以便容納未成年的子女，用餐時各餐廳不但菜餚乏善可陳、服務亦差。小孩亂跑一通，擁擠不堪亂象百出，服飾餐棹禮儀均不受重視。

本來「船長酒會」是郵輪一種傳統，好讓旅客有和船長及各高級職員會面交誼、熟悉遊輪的其他旅客。通常是殊為隆重的交際晚會，服飾規定要晚禮服。起碼衣冠也一定要整齊，但是當天的酒會，不但參加人數既不多，且有未成人的小孩穿梭其間，衣冠不整者比比皆是，令歐籍船長及高級主管看傻了眼；可見其水準之一斑。綜觀這類型經營的遊輪，主要是大眾化、以短程廉價讓一般中等收入者也有機會去享受那郵輪豪華的硬體設施，滿足了嚮往已久的心願。至於要回溯到七十年代的「愛之船」那種浪漫典雅，初晨迎海風觀日出，夜晚甲板上數星星，華服美飾交誼舞會，珠光寶氣葡萄美酒，夜夜笙歌妙舞，餐餐美酒佳餚的高消費，高品味上流社會的享受。今日這種七萬噸級上下的巨輪已難得一見矣。據了解目前只有少數壹至貳萬噸級，載容量只限五、六百人的郵輪；通常川行在大西洋至太平洋之間，尚保持這種高消費高格調的經營方式。

由於第一天大清早搭乘「菲航班機」，趕往香港與莊杰樹、黃麗霞夫婦等親友會聚登輪，折騰了一整天，開船後當晚疲憊不堪，始覺歲月不饒人，畢竟已是逾古稀之年矣。晚餐後陪著眾議院長青樹；奧甘布(PABLO V. OCAMPO)夫婦在郵輪的第七第八樓精華部份走馬看花瀏覽一番，他倆夫婦大半生都與政治、立法及廣大人民結了不解之緣，難得偷得浮生數日閒興致十足，這也難怪。回房一頭蒙被甜睡直至日上三竿才起床。餐後巨輪已抵達「海南省」海域，「三亞市」遙遙在望。

「三亞市」本來是個小漁港，托中國特區改革開放之福，目前已成為「海南」第二現代化的都市，道路寬敞，嶄新大廈櫛比鱗次。人口僅次於該省首府「海口市」有四十二萬之多。由於港淺難容巨輪，吾人是下錨港外，再由交通客艇陸續送上岸。因此連同中國海關在船上慢理慢斯的處理落地簽證，已費去了一個多鐘。

根據郵輪上的旅遊資料介紹，「三亞市」有四個觀光重點：「三亞高爾夫球俱樂部」、「南山寺」、「天涯海角」及「亞龍灣」。我直覺地選了「天涯海角」，到底是不是上選，我不知道。但是前往這一重點的旅遊車計十五部之多，為「四重點」之冠，可見英雄所見略同。遊程包括：三面臨海的「三亞」頂峰「鹿回頭」紀念彫像園，站立在高峰上「三亞市」就在我們足底下，更襯托出這段人鹿纏綿綺麗愛情神話。也參觀了「海南」特產：大理石、水晶產品、海產市場。最後來到了「天涯海角」，它據說是古時皇朝流放叛民、重犯的地方，巨石群立，波濤洶猛，海風吹號，望而生畏。遠離巨浪則為細沙海灘、野餐郊遊園地連綿數公里的林園公園。抵達「海角」、遊罷天涯，一團艷陽欲西墜。感嘆「青山依舊在，幾度夕陽紅」。再見「三亞」！

翌日晨曦初露吾人已抵達「越南」社會主義共和國中部(THE SOCIALIST REPUBLIC OF VIETNAM)巨輪直接靠「峴港」深水碼頭(PORT OF DANANG)。上岸很是方便，海關人員依據在船上分發的入境卡，讓旅客過關，返輪時則收回入境卡，簡單快捷，比起中國「三亞市」的入境手續方便多了。據瞭解「三亞」海關不但嚴格審查遊客落地簽證，同時採取寧枉勿縱的政策，故無端被拒入境時有所聞，與一國兩制設計師「鄧小平」的改革開放搞活經濟的政策大有相悖。「越南三邦」雖然早在「明朝」時代為我國藩屬、深受中國文化的熏炙。唯自公元一八八七至一九五四年，卻長期為法國殖民地，又於六十年代美軍以「東京灣事件」為籍口、揮軍入越扶助南越親美政府與「胡志明」所領導的「北越」親共政府、血戰相持十五年之久。因而越南的文化教育深受歐風美雨所影響，是可以理解的，因此在執法時採取歐美「寧縱勿枉」的理念，當然會比中國強些。（參閱拙作第二輯「越南探親」一文）

「峴港」是越南中部的一個小市鎮，六十年代經美軍拓建為現代化的軍需補給港，作為進攻北越前哨海軍基地。惟人算不如天算，越共在南越神出鬼沒的游擊隊，拖住美軍的後腿，戰事膠著成為消耗戰、美軍深陷泥足，遂於國內人民反戰聲中屈尊求和。越戰終於 1975 年美軍倉惶撤退而結束。

在峴港我們參觀了：仿「胡志明」在河內的故居、博物館及當年美軍倉惶撤退時，遺留下來的軍機、坦克及各種武器的陳列場。

市容整潔堪稱小康，滿街機車、腳踏車東來西往川流不息，大家向錢看企求更好的生活。越南今日改革開放尚在起步，遠遠落在中國之後。假以時日，明天會更好！

綜觀這次四日遊，以消費而言是值回票價，是一般中等收入者所能負擔，郵輪遨遊不是夢。設若在安全、紀律、禮儀這一方面認真的執行；「麗星」更上一層樓是可期的。

首先應是救生衣、救生艇的安全設施與演習。

記得一九九二年十月筆者遊長江三峽，乘搭豪華遊船「天龍號」，在開船後即與內子檢視衣櫥中的救生衣，同時把自備的手電筒放在床前小棹上。發現只有一件救生衣，遂通知服務小姐補送一件。豈知她竟以不屑的口吻說：「也用不著，還要一件做什麼？」讓筆者啼笑皆非。

「獅子星」啟程後的救生演習，十分草率從事。本來依國際海運的規定一定要嚴格的執行。有負責任的郵輪演習時鳴警報，乘客依指定的方向分別集中於救生艇旁，由船員負責指導檢視救生衣的應用方法，秩序井然態度嚴謹。這次「獅子星」的救生演習，認真參加者屈指可數，一旦不幸出事，將是「鐵達尼」(TITANIC)慘劇重演。

再者：船舷圍欄不符合郵輪的安全標準，小孩子嬉戲時易於攀越；尤其是船艄「假山戲水」的那一部份。早晚總會出事。

最後是禮儀：中國以禮為立身之首，長幼有序，輩份有別，禮儀至為重視；明禮義，知廉恥，負責任，守紀律，崇為立身處世之本。然而這次「獅子星」純為華人的遊客，殊多未能遵照一般起碼的禮儀與紀律；亂象、洋相百出令洋人側目。

這些瑕疵若能由船公司當局多費點心思來糾正開導，寓教育於旅遊，將是一件大好事。

二〇〇〇年九月廿日

內子秀蘭與梁君夫婦合影於峴港碼頭，背影爲「獅子星」巨輪。

筆者夫婦與莊杰樹、黃麗霞伉儷等親友合影於「天涯海角」。

筆者夫婦影於海南島鹿回頭山峰上。

筆者影於「峴港」、「漢河」河畔。背景爲該河一座具有旋轉功能的大橋，可讓大船通過，十分特色。

筆者影於「獅子星」船舷易於攀越的圍欄旁，背景爲峴港碼頭區。

總統直選●是禍是福

台北仲夏的陽明山，初晨仍然寒意逼人，朝陽燦爛也未能帶給登山人一點溫暖。就像國民黨這位年逾「隨心所欲」的老人，在秋至冬來時，將如何渡過！

國民黨這爿老店，經歷了革命、北伐、抗日、反共戰爭。執政於今八十三年。經於一九九二年二屆國會主導修憲。據說今後總統的產生將由全民直接選之。而不是依以前五權憲法所規定的委任直選。表面上看來它不但符合時代潮流，且順應人民之意願。難怪筆者年來與政界、商界人士、藍領工友白領受薪者、計程車司機攀談中，提及總統直選一事：絕大多數均表示：「是理所當然的事，世界上先進民主國家的總統都是直選的嘛！」。惟經筆者反問：「世界上那幾個先進民主國是直選的：英國、日本、新加坡等是直選嗎？」。他們總是一時答不出來，或最後只得提起美國及菲律賓是直選的國家。是的，今日美國式的直選是最具代表性的民主國家。但吾人應該了解美國人民只有在兩位經智者千挑百篩選出來的最合格最好的總統候選人，然後再由選民取決其一。其實仍是間接直選。

菲律賓於一九四六年獨立後，憲法幾乎全部依照美國憲法為版本，唯由於客觀條件懸殊。迨五十年代中葉執政黨（自由黨）國防部長麥獅獅(RAMON MAGSAYSAY)脫黨投身在野黨（國民黨）參選總統，與其所屬「自由黨」在任總統對抗，他採取地氈式深入偏遠地區競選而以高票中選為總統。彌後美式兩黨民主政治逐漸脫軌。政黨相繼組織，選舉每以個人之知名度、魅力、財力為依歸，政黨政治因而逐漸淡化。選票與金權掛勾、賄選、暴力時有所聞。候選人為選票不擇手段，欺騙無知選民，譁眾取寵，不顧經濟原理投選民之好，無所不用其極。只求中選置國祉於不顧。故四十年來由亞洲首富之國家淪落到今日債台高築。因此近年來有些學者，環視富裕繁榮的亞洲鄰國之餘，發現其政制均為代議會制度(PARLIAMENT)遂有改制之議；由今日之總統直選改為委任直選。為慎重計，不敢草率盲目鼓吹，仍先後數度在報章及電視台舉辦辯論，俾廣徵佳見，並設機構作嚴肅之研究。

夫憲法、國家領袖，是一個國家興衰之所繫。宏觀正確的憲法，產生人格無瑕疵、睿智、高瞻遠矚的領導人。相反的，選出來的領導人，可能是跳上棹子捧麥克風的小醜，賄選貪污成性的政客。

「民意」是可以煽動、可以誤導的、可以收買……君不見大陸十年「文革浩劫」，您能說它沒有民意基礎嗎？

今日中華民國總統直選已是遲早的事，讓我人禱告上蒼賜予台胞智慧選出一位無我無私的領袖帶領國人步上國強民富的統一大路。

一九九四年五月廿日

故蔣總統中正行館

文友「田中人」，日前在「晨光」版發表了一篇「西安蔣委員長行館。對有關蔣介石生前生活起居之簡樸平民化推崇備至。並引證「西安市」東郊楊貴妃溫泉戲水的「華清池」遊覽區，內中有一座小屋名「五間廳」。據當地的導遊介紹此屋曾是蔣委員長的行館。「五間廳」行館起居臥室等均為蔣介石當年之遺物；鐵架床、木材棹椅等均依舊貌安置。假若沒有看簡介說明，真使他無法相信此座小屋竟是領導八年浴血抗戰的軍事委員會委員長的行館。文中亦提到台灣省宜蘭縣有座「棲蘭山莊」設於森林保護區的蔣總統中正的行館，據說也是十分簡樸，只惜緣慳一面未能前往一遊云云。

筆者有幸於一九九四年曾親臨「棲蘭山莊」攬勝。「棲蘭山莊」處於林木保護區，林區培植高級木材作有計劃生產砍伐。該區林木參天、處處泉水淙淙，奇花異草隨處可見，只可惜我這個植物科的門外漢，總無法寫出它是松是柏、是樟是槐。「棲蘭山莊」得天獨厚，遠離農莊少有人煙，林木蔥鬱空氣清新，朝迎鳥語花香、夜賞明月秋蟲松濤聲。山莊大約有客房三十左右間都是單層平屋，設備簡陋實用別具風格。那裡也有一所蔣總統行館，其設備還是十分簡單，臥床椅棹則均為木材所製，與其他在「慈湖」及「梨山」，「天池」的行館都大同小異。至為樸實無華。筆者參觀幾處他老人家喜愛的行館，發現它都有一個共同點：地處僻靜山林、近有泉澗、溪流、湖水，如台灣中央山脈上有一泓據說永不乾涸的小池。名為「天池」，他那簡樸典型的行館就建築在池前。

蔣老總統在北伐、抗日戰爭、反共內戰的功過，且由歷史家去評斷；惟在他辭世的那年筆者適在寶島環遊，眼見老百姓自動自發在屋前，路邊排設香燭案含淚路祭致奠，排隊四、五小時於「國父紀念」館以一瞻其遺容。哀悼之情至為感人。在澎湖、在台南、在高雄等地區路祭香燭案處處可見。若非筆者親眼所見實難置信。難怪美國人在未審實之前竟誣指：「那是在威權統治下迫逼人民表示效忠的技倆……」

今日國民黨在自由選舉中，廿七年來仍然得以執政，豈不是人民還記得老總統清廉無私為國、及蔣經國先生六十年代的十大建設，奠立台灣經濟奇蹟之根基。開放報禁、黨禁漸次實施民主政治的政績之前因後果！

一九九九年三月廿日

作者影於「棲蘭山莊」蔣中正行館入門處

王永慶、海滄、麥寮

「經營之神」王永慶所著：「王永慶把脈台灣」一書，於去年在台北發行。該書是彙集其在「台灣日報」專欄「把脈台灣」的單行本，其內容分為「導讀篇」、「政改篇」、「教改篇」及「迴響篇」四大單元。

導讀篇是編者對有關該書之主旨、重點分別作詳盡的介紹，而「迴響篇」則為各名家之迴響捧場文字，惟均可稱為佳作。

綜觀王永慶先生在「政改篇」及「教改篇」五萬言的偉論，文中對執政黨之砭貶，筆力萬鈞，把國民黨罵得狗血淋頭，體無完膚無一是處。並強調政治改革應由教育改革入手；前者可資證明台灣今日已「非常民主」，後者則為金玉良言。對台灣政治及教育制度的改革的關愛湧溢於字裡行間。

事實上台灣的「政治」應分為五十年代至六十年代恐共保台的威權政治，七十年代的經濟穩定建設政治、八十年代至今是在沒有完整法制、人民民主意識脆弱的環境下，民主蛻變政治。基於上述史實，吾人再追溯中國近二百年來的近代史，吾人就會了解中國由顢頇無能的清末皇朝開始，積弱受列強所侵略，每以割地賠銀求和偏安。迨一八九四年孫中山先生籌組革命黨，成立了中國國民黨革命推翻滿清王朝。爾後北伐、日冠侵華八年浴血抗戰，勝利後共黨又以無產階級革命蓆捲大陸，兩岸對峙數十年，中國人誰能獨善其身，不受戰亂禍害。王先生今日能在寶島白手興業成為巨富，建立跨國塑膠王國譽滿中外，相信沒有一個相對政治穩定、新台幣強勁的環境下是不可能達成的！

或許王先生是聰明地以「借古諷今」的手法來表示對今日台灣政治亂象、法制不全、司法不彰的鞭撻。至於「教改」方面雖然尚應興應革的仍不勝枚舉，唯教育制度的改革仍應與時代並進，時時求新是一定的道理。而中國百年來的教育素質在上述的惡劣的環境中，仍然人才輩出，並非如王先生所言，一無是處。君不見今日台灣大專教育普及，菁英濟濟多士，文盲難得一見，教育制度並非一文不值。

王永慶日治少年時代未能完成完整的中學教育，及長又逢日寇挑起侵華戰爭，繼後世戰漫天烽火。曾當過米店幫工、開過碾米廠、磚瓦業、木材業等小本生意；在國民黨恐共威權統治年代摸索進入PVC塑膠業，王先生眼光獨到，意志堅毅執著，「台塑企業」蒸蒸日上。在一九七三年就有興建「輕油裂解化工廠」的宏願，以解台灣塑膠業乙烯原料依靠外國供應之困境。時國營「中國石油公司」仍然壟斷第一及第二輕油裂解廠。國營事業通常管理效率偏低，官樣文章作業牛步化，致產品價高且時有中斷未能滿足下游塑膠業之需求。雖經王先生屢次向政府申請，創設第三「輕油裂解廠」。均因政府短視的經濟政策未獲批准。終於「三輕」仍再由「中油」獨霸。

執著的王永慶於一九七四年再度提出興建「四輕」，一九八〇年復再申請開創「五輕」。亦在王先生失望中相繼落空。

直至一九八六年「台塑」（王先生工業旗艦）始獲經濟部批准投資台灣第六輕油裂解廠，獲准後王先生快馬加鞭覓得宜蘭縣，「利澤工業區」之土地，除計劃興建一座輕油裂解廠外，同時建立相關工廠十數座；不幸當年宜蘭縣長陳定南先生缺少遠見宏觀的思想，遂盲目以環保為由率領、糾集無知的居民示威抗議，致造成泛政治及利益集團錯綜複雜的局面，一發不可收拾。「六輕」終於被逐出「宜蘭」。屢遭打擊的王先生並不氣餒，仍再接再厲；此地不留人，自有留人處。

不久桃園縣遂伸出歡迎之手，迎接「六輕」到「觀音」工業區設廠，雖然投資額已因時空變遷，幾乎倍增至六百億台幣，「台塑」毫不退卻依然勇往承受。遺憾的；桃園縣「觀音」地區民眾受了別有居心者所煽動，亦以環保為訴求抗拒「六輕」落腳。政府官員在選票至上，烏紗帽為重的大前提下，漠視國家整體，長遠的效益而袖手旁觀。在沒有政府協助配合，那個大企業能以立足？

溯自一九七三年至一九八六年前後十二年漫長的歲月，王永慶輕油裂解廠之夢難圓。慨嘆「我愛台灣，台灣因何不愛我？」落寞無望之餘王永慶開始在他所主有的「台灣日報」等媒體，發表其著作，攻訐政府吐出心中怨氣，獲得殊多讀者回響，繼後著作陸續付梓出版。計有：「把脈台灣」、「談經營管理」、「走出自己的路」、「王永慶談中國式管理」、「生根、深耕」及「台灣活水」等巨著。尤以後者：最富有啟發性。文中雖然只是點到為止，但是卻深具啟發性及舉一反三的功能；是一本企業界及為政者必讀的好書！

失之東隅收之桑榆，「台塑」八十年代在台灣前瞻性的投資「輕裂」歷遭封殺，唯在遙遠的西半球新大陸受到禮遇。不但收購了「路易西安那州」英國人所主有的「ICI 燒鹼化學工廠；經擴建後，除了生產原有的EDC及VCM（氯乙烯單體）外，同時也生產「台塑」本途迫切需要的PVC粉。（聚氯乙烯）王先生在美國名利雙收之餘；二年後（一九八三年）再展鴻圖收購設於「德拉瓦州」STUFFER CHEMICAL CORP，聚氯乙烯化工廠。收購這兩家世界知名的「輕裂」化工廠，遂使王先生如虎添翼；一者汲取英美先進企業經驗；再者好讓他有發揮經營長才的基地。這兩家本來營業不佳廉價求售的工廠，在王先生的魔杖下變為產金蛋的天鵝，揚名新大陸。

挾著在美國成功的鼓舞，跟著海峽兩岸新形勢，台灣中小企業西進浪潮洶湧，「台塑」審時度勢決定以低姿態向大陸沿海特區作試探性的投資。邇後中國深知若能邀得王永慶在大陸作出代表性的投資；今後無論在經濟、政治層面都會有莫大的裨益，遂予與種種利惠條件，務希早日贏取「經營之神」的芳心。

閩南安溪是王先生的祖籍地、閩南話、台語一脈相承。加上有利的條件，一拍敲定投資漳州火力發電廠。大陸土地取得容易，工資低廉，政府又全力配合週邊的基礎建設。「台塑」這一方面在發電、「汽電共生」（在鍋爐產生了蒸汽送往工廠需要蒸汽作為加熱烘乾等用途的過程，先把蒸汽通過渦輪發電機發電）這項目早已累積了豐富的經驗駕輕就熟。故投資額省，效率高。漳州發電是一樁穩賺、回收率高的投資，據聞漳州發電廠昇火發電在即。

另一最具規模的投資「六輕」（輕油裂解廠）也由於在台灣走投無路，同時在廈門海滄經濟特區簽約定案。至此台灣李登輝總統，感覺事態嚴重不能再坐視「台塑」把這百億美金巨型的投資流向彼岸，仍以「戒急用忍」迫使王永慶、懸崖勒馬；並全力協助「台塑」在台覓地興建「六輕」。至此王永慶鑒於根在台灣，也樂得做個順水人情應聲叫停。雖然失去了一千萬美元的簽約金。側聞經王先生與「海滄投資區經濟發展局」取得諒解，將該筆理當沒收的一千萬美元的簽約金，作為捐獻興建一座全功能的「海滄醫院」，造福當地人民。今日「台塑六輕」在李登輝政府全力支援下，因禍得福已在台灣西岸「雲林縣」、「麥寮」濱海地區興建台省首屈一指的重工業城。自一九九二年由企劃、整地至今各大工程拔地而起，據瞭解公元二〇〇〇年之前將全部竣工投產。依筆者實地了解，以「台塑」而言，「麥寮」的投資條件遠遠勝過廈門的「海滄」。因此王先生最後還是贏家。可見他在「兩岸」走鋼絲，運籌帷幄表現了外交智慧之一斑。

『海滄』位於廈門經濟特區對海，面積約一百廿餘平方公里，恰與廈門特區大小相略。其中包括劃給「台塑」石化重工業區廿餘平方公里外，尚有輕工業區、生活區及碼頭倉儲區等。「海滄」可以說是為「台塑」而量身裁製。依筆者估計目前由於王永慶撤資，無形中「海滄」開發計劃將延遲了五年至十年之久，「海滄」蒙受了無可彌補的損失。

去年筆者托友人投資「海滄」之福，前往「海滄」參觀，備受特區發展局局長劉成業、副局長劉京等熱誠的招待及簡報。越日並承劉副局長陪同參觀「海滄」全區的建設及已完成各項目。

「海滄」的整地、道路、供電大體上經已完成，三萬頓級的碼頭設施亦大部份完成，十萬頓級的碼頭在興建中。據說已引進投資項目八十餘個，總投資額約十五億美金，以吾人一行人前往參觀的「台灣翔鷺滌綸紡織廠」最具規模，其他的廿餘家工廠則均為小型工業，至於完成待售的公寓，大部份都尚閒置無人進住。

「海滄」與「廈門」一水之隔，距離不到一公里，目前興建中的大橋，明年就可以通車，屆時廈門、海滄連成一體，有「香港」與「九龍」之氣派。而香港、九龍海峽較寬闊，亦無橋可通。因此在這一方面尤勝「港九」一籌！然而失去了「台塑」，「海滄」何時能起飛！

『麥寮』位於台灣西部「雲林縣」，原來是偏僻人口稀少，交通不便之農村，且瀕臨海濱風大沙多，農作物難成氣候，又缺漁港只有小型養殖業盤據著海灘養些貝類及殖蠔。

這一帶不毛之地，其實在高潮時竟是一片汪洋，只有退潮時才露出水平線。「台塑」在處理補償養殖戶千頭萬緒的工作後，即全速投入抽沙填地，整地、搥壓地質、打樁等艱巨的工程。在此同時挖深港口，俾拓建廿六萬頓級油輪碼頭、煤炭碼頭十數個。「麥寮港」完成後，將是台灣第一個民間經營的工業碼頭。規劃面積約四七六公頃，較「基隆港」還大了九十二公頃，中潮時水深廿四公尺，廿六萬頓的巨輪可暢通無阻。這是抽沙填地，挖深港區造良港一舉數得的投資。相對的開發土地的成本就更輕鬆矣！由於「海滄」撤資微妙的因素，麥寮填海堤所需的石塊，打樁用的混凝水泥柱，數量所需至巨，設若在台灣本島購買，單是陸上運輸費用已是天文數字。而政府竟大開方便之門。讓台塑在福建定貨由海運直達麥寮港把碎石傾倒在築堤之處。打樁用的水泥柱則卸下工地碼頭。這種有效率省錢省事的事例不勝枚舉。

五月五日筆者應邀約好前往「麥寮六輕」重鎮作實地參觀，清早七時許收到「台朔重工股份有限公司」（台朔重工業，塑字下面沒有土）營業部高級專員洪風因先生的電話稱：他已上路「天母」寒舍接我。吾人一行準八時開車前往「麥寮」參觀這個民間投資史無前例的百億美元石油化工工業重鎮。是日天公雖不作美；早上尚是驕陽藍天，而近午抵達「麥寮」時竟飄飛毛毛細雨，烏雲朵朵；但並沒有影響吾人興奮亢昂的情緒！

經過入口處尚未完成的行政大廈，直達「福利大樓」右旁那座工地臨時「簡報室」，受到「台朔重工」副經理洪崇發先生等熱情的招待，同時在寬敞的「簡報室」作詳盡錄影放映簡報：據報「麥寮」工地，南北八公里，東西四公里。扣除不規則地形，仍有二千六百三十公頃。於一九九四年開始興築海堤，抽沙填地，改善地質，搥壓打樁、建海港等工程。今日已完成者計有：新生地二千一百〇七公頃，麥寮港域面積四百七十六公頃，發電廠計有七組，共四百二十萬千瓦，將按期次第完成。第一個投產的子公司「矽晶圓電子金屬公司」將於今年七月間開工。

「台朔重工工廠」是這個工業重鎮開荒闢地的先頭部隊，是最早進入工地設廠的一個「台塑集團」主要機構。這幾年來扮演著非常重要的角色。姑無論那一個工程都得仰賴她的配合支援才能完成。筆者實地看到錯綜複雜的工程拔地而起，各種輸送管路交錯凌空跨越，巨無霸型油槽、煤倉、排煙、排氣、高塔、擎天矗立。最重要的是工地的電源；發電廠、汽電共生設備等等都有賴「台朔重工」在「無中生有」下去完成。

這幾年來「台朔重工」的營業觸鬚已伸展到海外，據悉在菲律賓已有幾筆發電及汽電共生的工程在洽談中。

這個跨世紀的工業重鎮，完成後將有：煉油廠（每日煉油量四十五萬桶）、輕油裂解廠（年產三百八十四萬公頓）、發電廠裝置量四百二十萬千瓦，（等於台灣電力公司總裝置量的五分之一）及石油化工相關中下游工廠卅九座之多。以整個國家而言，今日國民衣食住行，民生必需品那一樣沒有石油化工的產品？石油化工的發展是先進國家應具的要素。據資料所示「六輕」工業重鎮全部投產後，不但乙烯台灣的自給率，可自百分之卅增至百分之九十強。全年產值亦同時增加百億美元。帶動下游產業加值將達台幣乙兆元之巨；全國（台灣）增加了七十萬個工作機會，提昇國力，早日躋入開發國家之林可期。

這一次「六輕」在「麥寮」抽沙填地、築堤造港，政府已不再袖手旁觀了，她不但擴造交通網路，供水的食用水處理廠，通訊及興建周邊衛星工廠區等同步進行，充分體現官民合作的範例。

八十一歲高齡的王先生，財富對他已沒有多大的意義。主要的是他的執著，要做人所難做，不能做的大事業。這也是他的成功主要基因。

他的點子很多，雄心勃勃，有朝一日他夢景中的電動車王國，將在兩岸合作中脫穎而出；大陸十二億人口，幅原廣闊正是電動車市場的保證！

作為一位偉大的人物，應該具備三主要條件：智慧執著、愛心、長壽。

「六輕」建廠十二年的執著，運用智慧終於以最快、最新穎、最經濟的優越條件下完夢於「麥寮」。王先生的智慧執著表露無遺。

其次筆者在國外、在台灣所看到的、所聽到的都足資證明。王先生不但愛大地（環保）愛台灣、愛民族。還愛他旗下的職工。台塑集團的員工在言談間，你隱約體會到他，她們深以身為「台塑人」為榮。這次筆者訪問「麥寮」曾與數位菲律賓技工交談過。他們共有四千多人，大部分是鐵工及焊工，得知他們在麥寮工作、薪水高，因為是專案直接申請，沒有經過台、菲那些沒有良心的仲介層層剝削。那些唯利是圖的仲介公司通常收仲介費用，竟達七至九萬元菲幣，目下菲幣貶值當不止此數矣。況且「台塑」住宿設備均係一流之選，伙食且有道地菲律賓風味菜色，設想週到。至於康樂休閒設備也十分齊全等等，讚不絕口；似有希望長作「台塑人」之概，可見王先生有廣義的愛心是不可置疑的。

最後筆者衷心祝福他「百齡康壽」，好讓他一一完成他的夢景。謝謝他的招待！

一九九八年六月十五日

二個密封式的煤炭倉，符合最高的環保要求

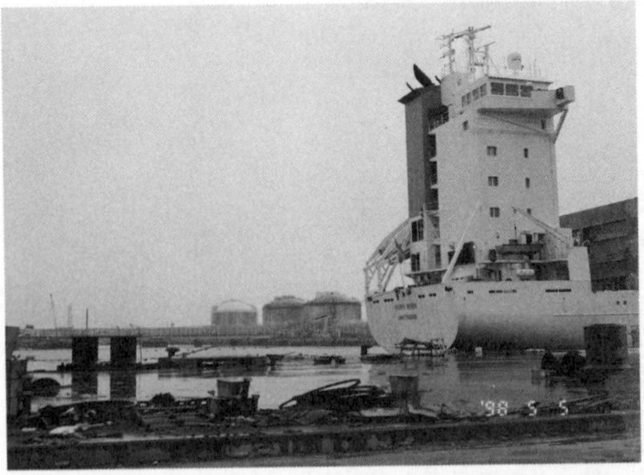

二十六萬頓容量原油碼頭及煤炭專用碼頭已相繼完成

筆者夫婦、盧祖蔭伉儷等與海滄特區發展局副局長劉京合影於海滄碼頭區。

筆者與台塑重工業副總經理洪崇發先生影於麥寮

亞洲踥踥

印度之旅㈠

「印度好髒哦！你們要去印度？」幾位友人得知我要去印度參加「國際造紙工業會議」及參觀「造紙機械產品展覽會」(PAPEREX 99)。都這樣問。由於印度在旅遊版圖上，屬於冷門的地區，我還未曾去過，況且本國紙業界可能因會期是十二月十四日至十七日，適近國人最忙的聖誕節，年關這一段期間。竟然沒有一人參加；因此決定前往參加並一遊。

往印度首都「新德里」(NEW DELHI)本國並沒有直航班機，要經過「曼谷」(BANGKOK)，全程連同轉機要費去十小時多，殊為辛苦！

「新德里」是印度首都，位於北部內陸，靠近北方沙漠及「喜馬拉雅」山麓，氣候偏於乾燥，空氣中含濕度低，故樹木農作物均有缺少水份的現象。可能因此造成飛塵骯髒的環境。

因此一般的旅客一到「印度新德里」，都會有這樣的壞印象。

在本國很少人知道「濕度計」，只知「溫度計」，同時工廠、辦公室也很難見到掛有「溫度計」。記得一九五五年前往日本考察糖果、餅乾工業將月，看到日本每家公司，辦公室、工場均掛有「濕度計」及「溫度計」。而在交換意見中、探討生產作業時，也常問起菲國「濕度」季節性的變化，俾掌握生產流程應如何控制品質管理。可見先進國家對「濕度」的重視。

「新德里」是印度政治、文化中心，人口有一仟一佰萬，僅佔全國人口百份之一強。由於全國人口已於去年突破十億大關，把經濟成長拖住，民生困苦，故政府決心強制實施每家庭兩胎制度。據說由於印度政府屬於民主共和議會制度；人權、人道、宗教等的制肘。實施以來就不像大陸共產黨「一胎制」那麼容易。故目前人口仍以每年百份之一‧九增長。也就是每年人口增加壹仟九佰萬。

印度曾是英國殖民地，一九四七年才正式獨立。這個被英國人統治二佰餘年的國家（英國人一七五七年入侵印度）英語竟然只能在大飯店及涉外機構、做遊客生意的地方，才有用武之地。在印度一出門就有問題，不但交通車、路牌、行號等均以印度文書寫，更甚者他們的拼音文字完全與英文、拉丁字母迥異。吾人無法拼出音來，徒呼奈何！況且據說全國有十九種方言、四種法定文字。各族群交流就有問題，文盲竟達全國人口之百分四十八。反觀菲國國語「大家樂」及其他方言，所用拼音字母均與英文、拉丁文接軌，教育普及，文盲只有人口百分之六而已。比中國文盲百分之八・五、台灣之百分之六・八還要低，順此一提。

據聞印度目前尚沒有一條有國際標準的高速公路，筆者曾乘旅遊車由印京前往二百公里外古都「AGRA」參觀舉世聞名「馬哈陵」(TAJ MAHAL)及當代皇堡宮殿等古蹟名勝。初晨起程傍晚返回「新德里」。沿途經過印度式的高速公路以一二〇公里時速開行。雖然這條沒有圍柵及交流道的高速公路；行人、電單車、牛車、駱駝、騾、馬馱運貨物，川行於路肩，各走各路亂而有序。竟然「相安無事、準時抵達目的地」有如導遊所保證。

印度主要交通尚以火車為主，惟軌道古舊設備落後，水運則碼頭設施差、效率低。目前仍以飛機及公路網效率較高，唯廣大人民乏力享用。

版圖上四個主要城市，近乎四方形分佈於東南西北；新德里位於北方內陸、接壤中國「西藏」，西鄰沙漠地帶、「馬德拉斯」(MADRAS)南臨「孟加拉灣」、著名港都「加爾各答」(CALCUTTA)及「孟買」(BOMBAY)則分別位於「恆河口」(CANGES)及「阿拉伯海」。據印度友人介紹；「加爾各答」工商業繁榮、那邊也有「唐人街」，華人眾多。目前捷運系統在興建中。

「印度共和國」是個文明古國，已有五千年歷史，由十四族系所組成，以印度人百分之廿四居首，「馬拉塔人」、「孟加拉人」、「泰盧固人」、「泰米爾族」等各佔百分之八左右次之，餘者則為少數民族。幅原廣袤、氣候溫和、水源不缺，物產礦藏甚豐。經濟發展大有可為。

今日首都雖然「三輪轎車」、公共汽車、「的士」等主要交通工具仍然停留在六十年代景況、大部份地區還是雜亂無章。失業指數高居不下、平均工資每日不上百元「盧比」（每一美元兌四十五元盧比）廣大的農村人民生活更是困苦不言可喻。筆者繞遊市內各區卻也覺得「新德里」竟是「印度的縮影」，落後雜亂中也有她值得驕傲的一面；繞遊使館區，馬路寬敞、行人道也有六米那麼寬，綠樹成蔭延展至以「印度門」(INDIA GATE)為中心的紀念廣場，周圍四方八面分別是總理官邸、國會大廈、政府各部門大廈，氣派萬千。中間穿過「印度門」的大道是國家慶典節日、閱兵遊行必經之地，其氣派絕不亞於巴黎的「香榭麗舍」大道，古蹟名勝更是不勝其數。工業方面諸如汽車、鋼鐵、造紙、太空工業、國防工業均有國際水平。是世界上有能力製造原子彈及氫彈的小數國家之一。

筆者先後在「新德里」六天，除赴會外、每日均馬不停蹄，東奔西闖。深覺這個國家地大物博，只因政治原因與鄰國結仇爭戰不休，置國家命脈於不顧，先後與「巴基斯坦」、中國、孟加拉時動干戈，元氣大傷。目前國防費用佔去大部分國家預算。假如政府能採取務實政策，睦鄰和平相處、各政黨摒棄政治紛爭，一心為國為民，振興全民教育、節制人口。「新德里」將會帶領全國步入璀璨光輝的廿一世紀！

二〇〇〇年元月五日

印度之旅(二)

造紙工業

中國「東漢和帝」年代，任常侍的「蔡倫」，首創造紙技術，造出世界上第一張實用、可以書寫的紙獻給皇上。時公元一〇五年，這是中國對世界文明最重要的貢獻。印度接壤中國，近水樓台先得月；由古代中國絲綢踏出「絲路」經印度蜿蜒數千里，直達「地中海流域」。通商、易貨、移民、智識技術、宗教的傳播交流。印度不但獲得養蠶治絲的秘訣，同時也學會了中國造紙技術。遂成為古代文明大國之一。歐洲人懂得造紙已是稍後的事。

印度造紙工業歷史悠久，早在英國人統治年代，已有略具規模的「圓綱」造紙機械設備。由於獨立後相繼與「巴基斯坦」、中國等鄰國交惡爭戰不休，導致經濟發展乏力、民生凋蔽。各族系文字、言語各異，目前文盲尚佔全人口百分之四一・九（一九九九年最新的資料）。是亞洲國家最高者之一，故用紙量每年每人平均只有三・八公斤，比起先進國家每年每人平均用紙量二百公斤以上。經濟、文化差距不言可喻。

中國廿年的「改革開放」，經濟有了顯著的成長，她的用紙量每人每年已達二十六・二公斤，台灣則仍高居於每人每年用紙量二二一・五公斤，遠遠超過中國大陸。

紙業界通常以每年每人用紙量來評估這個國家的文化、經濟水平。故有「PAPER GAUGE PROGRESS」之說。

印度除了高科技電子工業，幾年來有長足的發展之外；造紙也有了不起的成就，目前一般較高級日產百噸文化用紙的「抄紙機」，已有百份百的自造能力。筆者在「AURANGA-BAD」鎮，郊區參觀了一家今年初才開工的造紙廠，它日產六十噸「牛皮工業用紙」。這台機器應用單烘缸，其直徑達十四英尺那麼大，是「長網機」(FOURDRINIER)全部由印度本國自造，應用廢紙為原料、其「散漿」、「磨漿」設備也全部印度產品，機械簡潔實用不遜於日本產品，投資額方面可能不到外國產品的四成是肯定的。令我印象深刻，在與主人交談中彼此交換菲、印造紙業的心得，甚為投機。臨別時我告訴主人；「你這家工廠賺錢肯定比人家快，明年你們就可以還本了。他莞爾一笑。可能是我一語言中，令他喜從心來。

今年「PAPEREX」國際會議暨造紙工業產品及機械展覽會，是由「印度造紙工業聯合會」所主辦，並由印度政府各部門鼎力支援。其他國際配合參展者計有：「美國造紙工業技術學會」(TAPPAI)、「聯合國環保企劃學會」(UNEP)及「印度紙漿、造紙研究學院」等十幾個單位聯合舉辦。

自從一九九三年印度紙業界主辦第一屆“PAPEREX”，有了意想不到的業績，深受鼓舞，仍決定每兩年舉辦一次；於今已是第四屆。每屆的規模及成績都有顯著的增長。這一屆會議主要項目是「造紙工業的展望」、「電子媒介對造紙業的衝擊」、「小型造紙機個案研究」、「能源」、「環保」及紙漿來源的開發等為主題，由業者及專家提出專題討論。

大會所主辦的「紙工業產品、機械展覽會」設於「新德里」首都中心政府展覽區：「PRAGATI MAIDAN」一棟佔地一萬二仟平方公尺的展覽大廈，外觀堂皇別緻、內部寬敞明亮。印度各大造紙廠的產品及造紙機械設備，佔去了大半的展覽場，其他歐美名廠、高科技造紙機械設備更是琳琅滿目，各展奇招。

展覽場有一家中華民國台灣的 FAIRY MACHINE CORP，也千里迢迢前來參展。該公司在場負責人是林軍揚先生，承他介紹其精密高速紙品加工系列機器。千里他鄉遇國人分外親切。台灣今日經濟發展成績驕人，這些擴展世界市場的尖兵及六十年代全球華僑推銷介紹台灣產品功不可沒！

印度造紙工業十年來有突出的表現，姑無論是品質、產量、機械都有長足的進步。以一個有十億人口的國家而言，用紙量還是很低，每年只生產二佰五十萬頓。比其三百七十五家大小造紙廠的生產能力：每年四佰萬頓尚有一段差距。主要原因是經濟不振、文化教育落後等惡性循環所致。但是一旦經濟復甦，印度是個人口多、地大、物博的國家，年產「工業」及「文化用紙」四佰萬頓是個小數目。

今日亞洲重要的課題還是紙漿供應問題，目前一般中小造紙廠大多以回收廢紙為原料，一貫作業的造紙廠則以糖廠蔗渣、稻草、青竹、蘆葦及有限的木材為原料。在世界用紙日增，造紙纖維短缺是意料中的事，依賴回收廢紙作原料的國家應早日造林取材，才是長遠提供穩定造紙纖維(FIBER)的治本良方。

友人「黎沙拉沓博士」(DR. CHAMPALAL DESARADA)早年留學東歐捷克，得冶金學工程博士學位(METALLURGICAL ENGINEERING)，返印度後即以其所學創立小型精密的冶金工廠，精製造紙的散漿、磨漿之刀片為主。廿年來穩札穩打奠下了今日的基業，目前是印度少數有國際水準精密冶金技術的公司。產品佔有國內百分六十五市場、行銷世界廿二個國家。

他於“PAPEREX 99”會期結束後，力邀筆者前往其故鄉(AURANGABAD)參觀他的製漿機械冶金工廠，拗不過他的好客，遂由他陪同乘搭國內航機前往一遊。印度國內航機以 AIR BUS 300 機型為多。由「新德里」至「AURANGABAD」航程一小時又廿五分，可見這一趟專程的參觀並不簡單。

黎博士的工廠與東歐共產國家的工廠有些相似，廠房分門別類隔開，計約有十棟各有一千平方公尺左右的廠房。其中以冶金鑄鋼最為特長，更具印象是化驗室的金屬分析儀器、平衡、硬度、耐磨等測驗儀器均由十分精密的電腦來處理。承他熱情的招待參觀一整天，是晚並在他府上，由其夫人及媳婦主廚以印度菜招待。他們全家為素食者。是晚讓我這個大饕英雄無用武之地，每道菜只有點到為止。翌日傍晚始依依道別返回「新德里」續行我的「萬里路」已是華燈初上時。

二〇〇〇年元月十四日

筆者於造紙機械展示場「黎沙拉沓」博士親自招待

印度之旅㈢

漢堡在印度

法國人常常譏笑美國人是「漢堡文化」的民族。因為他們不懂美食、不會品酒，一個「漢堡包」(HAMBURGER)，走著、站著都可以解決吃飯問題。但是漢堡速食文化隨著西風東漸，本國首當其衝。目前僅大岷里拉區這類速食店已有數百家之多。青少年趨之若鶩。今日富裕如日本、講究美食如香港，「巴黎」也無力遏阻這股速食文化的蔓延。

這次旅遊印京，深知印度人崇牛為神，大部份印人都忌食牛肉、不宰牛。據說約有百分六十的人為素食者，吃牛肉的人更是稀若晨星。

那麼在「新德里」這個有千萬人口的首都，有沒有這個與印度國情傳統、文化、宗教格格不入的「麥當勞」(McDONALD)。我這樣想。

第二天我叫部出租車，比手劃腳了大半天，繞了市內各市區還是找不到「麥當勞」的芳蹤。

翌日再經飯店職員指點，並向TAXI司機詳細說明：那一區「好像有」一家「麥當勞」。上了車指指劃劃、尋尋覓覓始終找不到「大腳叔叔」。

還是內子秀蘭眼睛快，看到那邊有一大停車場，停了很多汽車，又有一家電影院。她說台北「西門町」有戲院就有「麥當勞」，我們過去看看。一語驚醒夢中人，真的那邊有「麥當勞」。

「麥當勞」速食店都有統一的規格，「漢堡包」也以牛肉、豬肉、鮮魚等作餡。加上炸薯條、沙拉菜絲，配上各種飲料。各國分店大同小異，差別在於配合各地民族口味，而稍為調整配料。

由於我醉翁之意不在酒，所以只點一客牛肉「漢堡包」及一大杯「可樂」汽水。靠著高腳几與妻共享這份「速食」。價錢與「馬里拉」差不多，五十元「盧比」。（是日匯率是每美元換四十四元盧比）

店員一樣是青年工讀生，略懂英語。主管是位約廿歲出頭的印度小姐，她很客氣告訴筆者；自一九九六年第一家「麥當勞」在本市開張、於今已有十三家之多，但在這有仟萬人口的城市要找「麥當勞」也不容易。問題是印度人大多是素食者，且通常不食牛肉。生意怎麼做？「我們有素食「漢堡包」，且口味經專家配方，很符合本國人的口味，何況年青一代已逐漸放棄故有封建習慣。」時代在轉變，印度年青人一旦接受現代教育，摘下頭上的「包頭巾」、改掉「燈籠褲」，屆時為適應分秒必爭的時代。速食業將大有可為。

筆者雖然是中國美食崇拜者，但是也經常以「漢堡包」為餐，「漢堡包」營養均衡，隨時隨地可以解決肚子問題。尤其出外旅行就地解決三餐，更是方便又節省很多時間。記得一九七〇年在大阪世界博覽會及一九九〇在美國EPCOTCENTER，每一個展覽館都要排隊。為了要在短短一兩天內參觀所有的展覽館，都是由內子排隊等候入場，而我則去購買飲料及「漢堡包」充饑，邊排隊邊吃午餐往往甘之如飴。

在家中、在工場寫稿、處理文件時，一杯鮮奶一客「肉片蛋包漢堡」，既不妨礙工作又填飽了肚子。

在今日高科技時代，資訊一日千變萬化，日常的工作分秒必爭，漢堡文化方興未艾。相對的工作效率高了，休閒的日子也多了。我們在工暇日子裡，閒逸地來享受一頓美食、淺酌一杯陳年紅酒，這一頓佳餚美酒將會更有意思！

二〇〇〇年元月十日

AURANGABAD
機場為印度國內線
之機場。筆者抵達
時留影紀念。

内子秀蘭影於工業
展覽貿易區入門處

作者影於新德里
「麥當勞」門前

印度之旅㈣

泰姬瑪哈

假如今天由世界各國學者專家來評估：「世界七奇觀」(SEVEN WONDERS OF THE WORLD)。印度共和國的瑪哈陵(TAJ MAHAL)，肯定的榜上有名。

所謂「世界七奇觀」是公元前二佰年間，由當代「希臘」作家「ANTIPATER」根據該年代學術界；就這些人類智慧、技能結晶的偉大建築物。據選址、藝術、設計、技術、結構等古代工程學難克服的艱難度，而加以評選。至於為什麼只有「七奇觀」？可能是古人對「七」有特別偏愛、或許與宗教有淵源。同時由於二千二佰年前交通阻隔，他們所看到的只能侷限於地中海、中東的希臘、伊拉克、埃及、土耳其等地區。茲將「七奇」分別列下，以饗讀者；㈠「太陽神像」位於「土耳其」(THE COLOSSUS OF RHODES)。㈡巴比倫的空中花園，位於今日之「伊拉克」(HANGING GARDEN OF BABYLON)。㈢「羅娜神廟」，位於「土耳其」(TEMPLE OF DIANA AT EPHESUS)。㈣「沖天神堂」位於「土耳其」(THE MAUSO-

LEUM AT HALICARNASSUS)。㈤「嵌金大理石巨像」，位於希臘(STATUE OF ZEUS)。㈥「大金字塔」位於埃及(PYRAMIDS OF ECYPT)。㈦「亞歷山大」海港燈塔，位於埃及(LIGHTHOUSE OF PHAROS)。

二千年後的今日，上述「七奇觀」碩果僅存的只有埃及的大金字塔，(GREAT PYRAMID OF KHUFU GIZEH)。其他的「六奇觀」早已湮沒在漫長的歲月裡。

近代世人只有各自表述，各說各話；中國的長城、埃及的金字塔、印度的瑪哈陵，巴拿馬運河、吳哥窟、雪梨歌劇院等，不一而足。吾人也曾經把「高山省」的梯田列為世界「第八奇觀」。可不是嗎?但是以近代而言任何版本都不會忘記「瑪哈陵」是肯定的。這番往「新德里」參加 “PAPEREX” 大會，當然不會錯過參觀位於 AGRA 古都的「瑪哈陵」。

AGRA 古都離「印都」有二佰公里，是印度十六世紀年代政治軍事中心。公元一五二六年 MUGHAL 王朝建都於山明水秀的 AGRA。直至第三代傳人 AKBAR 登基掌理朝政，精礪圖治興建 AGRA 皇堡、展現其宏才大略，皇堡城高牆堅，由當地特產「紅砂石」堆砌而成，其獨特瑰紅色城堡分外壯觀，氣派萬千、北望「燕舞娜河」(YAMUNA RIVER)，面眺秀麗平原，雄踞一方。

是日前往「瑪哈陵」之前，筆者先往 AGRA 皇堡走馬看花繞城一遊，但見城堡佈局工整：行政、軍事、保安、倉庫、供水樣樣俱全、井然有序。越過皇上召見大臣的大廳，轉入內宮皇家居所，在頂樓陽亭上遙望「燕舞娜河」，雖然由地勢的關係看不到河流，唯那熟悉潔白如玉的「瑪哈陵」圓頂(DOME)及其四座尖塔卻展望在藍天下的那一邊。美極了！我喊了出來。

迨MUGHAL王朝第五位皇帝SHAH JAHAN即位，正是群雄歸順、國勢日昌太平盛世。泰姬瑪哈」(MUMTAZ MAHAL)的纏綿繾綣的愛情故事就在這一榮華富貴的皇堡內宮孕育而生。

公元一六一二年SHAH帝雖早有元配皇后在堂，嬪妃無數，卻仍對「瑪哈」情有獨鍾。「瑪哈」秀外慧中、聰明乖巧宛如一朵解語花，難怪君王拜倒在她的石榴裙下。終於排除眾議迎她入宮，從此內宮纏綿恩愛神仙美眷，令群臣羨慕不已、子民傳頌讚美。彌後泰姬遂成為「沙帝」形影相隨的情人、顧問、賢妻、伴侶……。相愛逾恆十九寒暑。真是：「天生麗質難自棄，一朝選在君王側，回眸一笑百媚生，六宮粉黛無顏色。」

公元一六三〇年泰姬不幸流產身亡。在她嚥下最後一口氣之前，有氣無力地再三叮嚀「沙帝」在她死後，要建一座象徵純潔、愛情的永恆紀念墓陵。這一歷史悽艷的「唐玄宗」與「楊貴妃」的愛情故事在印度重演。只是各有不同的結局，「泰姬陵」史蹟留芳百世、「楊貴妃」

賜死自吊「馬嵬坡」。世事如斯夫復何言！

多情的「沙帝」痛失相處十九年的愛妻，悲傷逾恆僅記愛妻臨終所求的心願，著手廣徵四海名家，包括堪輿、工程師、藝術家、設計師，數十人 起草瑪哈陵廟設計圖。及後放榜挑選一流技工、動員兩萬苦力及技工，歷廿二年始告完成這曠世建築瑰寶。

「泰姬瑪哈」(TAJ MAHAL)興建在「燕舞娜河」轉灣處背向只有數公里外的瑰紅色的皇堡。由於「泰姬陵」底座離地數十尺、且四面八角均一樣的設計、故在皇堡涼亭遙望仍然清楚地看到除底座外的整座「瑪哈陵」。至於遊河而過，舟舸川行其間，東來西往均能在目力所及的距離，清楚地看到這顆璀璨的明珠，在月光下閃爍、在夕陽餘暉中炫耀。

遊「泰姬瑪哈」一定要有充分時間，因陵園廣闊佔地約一百公頃，陪襯建築物也有十數座。除了四座尖塔是與主體一樣用純白大理石所造外，其他較大的建築物則以深淺有序的「紅砂石」建造而成，配搭得賓主分明。其他如「水池」的佈局、綠地花木、絲柏(CYPRESS)的分配、大小比例均稱無懈可擊。主體陵廟以純白大理石，配以不同材質雲石堆砌而成，浮現隱約可見的花紋。再嵌鑲大量貴重寶石，尤其是稀罕的「夜光石」、「反光石」等，讓這座圓頂回教形式優美「陵廟」在四時、晨昏發射各有不同的光彩。綜觀這陵園的建築，古今學術界最大的讚嘆是：佈局「比例學」功夫獨到、近觀不見其大、遠眺不顯其小、工藝細緻是世界上諸大建築物所僅見，而地基穩固於今三百餘年尚屹立不動。

「沙帝」(SHAN JAHAN)費廿二年的心血完成他對愛妻的承諾。所費出的代價是國庫空虛、百姓遭殃、朝政荒弛。導致三位王子互相殘殺篡位。公元一六五七年他終於被其子 AURANGZEB 奪去皇位並被幽禁在內宮終其一生。距他辭世時尚有九年漫長的歲月，每日晨昏總是站在後宮涼亭遙望遠方的「瑪哈陵」，緬懷往日「驪宮高處入青雲、仙樂風飄處處聞」。回想今朝：「夕殿螢飛思悄然，孤燈挑盡未成眠，遲遲鐘鼓初長夜、耿耿星河欲曙天。鴛鴦瓦冷霜華重、翡翠衾寒誰與共？」

這一場驚天動地的愛情故事，無獨有偶在幽怨的「長恨歌」聲中落幕。

二〇〇〇年元月廿日

作者夫婦影於「泰姬瑪哈」陵園

新德里市中心廣場的「印度門」規模不亞於巴黎的「凱旋門」。

作者影於 PAPER-EX 大會堂

「新德里」市中心街景

金三角搜秘㈠

盛夏正午艷陽分外發威，令人昏昏欲睡，本來熙熙攘攘行人如鯽的大學區。此時卻顯得靜寂又落寞。「東尼」和「荷西」（假名）走過一段行人道，下意識地向左右顧盼一下，雙雙推開那張美國西部式、雙扇半截的彈簧門。入門處一道樓梯直上二樓。這是本國大學區無數小旅店的門面設計。

「東尼」帶著「荷西」二位男生都是應屆的畢業生，上旅店幽會？不！他們是來窺秘。「東尼」老馬識途地向那低低的小窗，交了六十元又彎下身段向那位看不清臉部的出納員，小聲說了幾句就拿到他所需那間客房的鑰匙。

客房很簡陋，一張雙人床、一個洗手盆加上一個鏡子、一捲衛生紙。這種旅店真正來過夜的旅客百無一人，倒是青年學生或低收入的情人作為幽會的「便宜之家」。

「東尼」、「荷西」放輕腳步輕輕啟開客房，一進房又輕輕把門關好。「東尼」熟悉地移開水盆上方那面鏡子，呈現在眼前是個小小的窺洞。「東尼」先向那小洞看了一回兒，即示意「荷西」也看一看。「荷西」稍調整了角度，一眼就死盯著那小洞，整整廿分鐘如一秒，臉色也跟著由白而青又變紅，真是好可怕的一張臉！

今午窺洞那邊一雙狗男女正是他的女朋友A小姐，而男的也是他的同學G君。這一幕「窺洞春宮圖」由少女優美的曲線、豐滿彈性的酥胸，男性雄風糾糾亢奮、激情、瘋狂、淫聲哀號所編織的一幕；「沙漠風暴的戰役」。天旋地轉戛然靜止……。「扶西」此時發瘋似地拉著「東尼」直奔樓下。

「東尼」是年青有為的大學生，不幸於去年為了好奇染上毒癮，首先是朋友給他一枝含有 MARIJUANA 葉絲的香煙，（MARIJUANA 本國偏僻山區有種植供應，是一種可入藥亦會上癮的草藥），（性比罌粟果較輕）讓他覺得精神很好，讀書、工作都很輕鬆。稍後又有人向他推銷「沙霧」（SHABU 安非他命）告訴他幽會女朋友與那些來自外省、虛榮心重的宿舍女生有約時不妨試試這小包「沙霧」的神奇美妙。就這樣染了毒癮不能自拔，遂成為毒品推銷網之一員。

今日本國毒品之泛濫，可由新聞報導就可以看到其嚴重性之一斑。截獲大量毒品報告，幾乎無日無之，其數量金額之巨令人咋舌。但是這只是冰山一角。據報這些毒品均來自大陸及美洲。中美洲及「金三角」在過去一世紀中扮演著主要產銷的角色。

「金三角」，世界上凡是財源滾滾來的地段、流域、邊境貿易區，常被人冠以「金三角」。但是真正的金三角，是在泰國、「老撾」、「緬甸」、「湄公河」三角洲。三國邊境漫延數百里，除「湄公河」可以連繫外，山區崎嶇難行，並無所謂明顯的國界邊防。當地山民來往自如，成為三不管地帶。早年商人由泰國攜馱黃橙橙金磚、金條前往三角洲與緬甸人、老撾人交換翠玉寶石、象牙、草藥包括鴉片產品。其金額之巨跟著需求增多，而成為天文數字。世戰以後有關鴉片產品；海洛英、柯鹼、沙霧、嗎啡等毒品泛濫到世界各地，致令世界各國政府震驚不已。

緬甸鴉片大王「坤沙」成為世界禁毒組織，首名要剷除的目標。

坤沙(KHUN SA)原名張奇夫，於一九三三年出生於緬甸(MYANMAR)撣邦地區，父親有中國及撣邦血統，母則為緬甸人。自小聰明好學，精諳中、泰、緬三國語言。及長繼承其父「土司」地位（相當於地區酋長），並學會英語。一九六五年他被升為上校之前，曾經任過反SHAN聯軍團部主任。稍後又任緬甸情報單位長官。由於深具地方勢力、手段靈活控制了鴉片種植區產銷。又運用黑錢巴結政府高官、地方軍頭獨霸一方。緬甸政府也睜著一眼、閉著一眼縱容共處。直至受到國際社會壓力，才於一九六六年把「坤沙」逮捕以平息國際壓力。唯「坤沙」神通廣大，在獄中期間不但受到特殊之待遇，且仍有能力遙控化整為零的毒品產銷事業。直至一九七三年他的密友 FALUN 用計綁走二位蘇聯援助緬甸方案派在緬甸工作的醫生，作為人質以交換「坤沙」之自由。緬甸政府順水推舟釋放了「坤沙」。恢復自由身，坤沙即行蹤飄緲不定。雖然說是金盆洗手，惟國際反毒人士仍然相信，七十年代迄今緬甸鴉片的產銷，他的影響力隱約可見。

去月，十三年來難得露面的「坤沙」，突然有了消息，據聞他位於「撣邦」、「賀蒙」的故居正在整修裝飾，相信「坤沙」即將返鄉定居。他的一位親戚亦表示「坤沙」一直希望在他晚年能夠在昔日飛黃騰達的故鄉渡過。

四月七日二〇〇〇年

筆者影於金三角，背景爲湄公河三角洲

清邁「雙龍寺」要上三百六十石階才能到達

金三角搜秘㈡

去年聖誕前夕由印度返國，特地取途泰國作六天「金三角」之遊。熱帶的泰國這時正是旅遊最佳季節，首都「曼谷」氣候清爽，避暑勝地「清邁」(CHIANGMAI)、清萊(CHIANG RAI)涼而不凍，在艷陽高照下仍然爽爽。

由「曼谷」到「金三角」路程千里，況且吾人剛從印度作一週緊湊的"PAPEREX"國際造紙工業會議。參觀造紙工業展覽會，訪問造紙廠及造紙機械工場、瀏覽名勝古蹟等連串辛苦的活動，因此決定採取以渡假休閒方式去「金三角搜秘」。

十二月廿一晚間由「新德里」直飛「曼谷」、「泰航嶄新波音七七七」最新機種，舒適平穩，在機上飽睡一覺，醒來天空已露曙光。在機上享用一頓豐盛早餐，航機已在冉冉降落中。這一班機的選擇可以說省掉了一晚的飯店費用，（二百五十美金）同時賺回一天的時間，因此就使是「商務艙」的機票還是值回票價。

由機場搭乘計程車風馳電掣一路飛往曼谷市區。起先並不注意車的速度，稍後從後座挺直身子向速度表一瞄，時速竟是二百公里，這時我有點怕怕，還以為是我看錯了速度表，仍叫內子秀蘭也往前探頭鑑定一下。不錯就是有那麼快，速度表全速為二百二十公里，而吾人的車速正是時速二百公里，一點也沒有錯。遂即要求司機減速以策安全。惟待他明白我們的意思，車子已安抵「LE ROYAL MERIDIEN」大飯店矣。

夫我國溯自美國人統治時代，日本人佔領期間至一九四六獨立成為亞洲唯一的民主共和國。緬懷戰後那段美好的年代，吾人就有雙向各六線的水泥大道「EDSA」、風景優美的海濱大道及「計順」大道等一流的交通網路；致令當年鄰國羨慕不已。但是由於國人的駕駛習慣，沒有紀律的品德。在菲律賓那一輛車可以開得這麼快而不出事?交通為一國之命脈，吾人不應忽視！

依原定計劃，要安排一次輕輕鬆鬆的休閒旅程前往「金三角搜秘」。略事打點行李，了解這豪華套房種種新穎電子化的設備，隨即聯絡友人所介紹的華人經營的旅行社，到他位於「中國城」的辦事處決定：先搭早機飛往「清邁」(CHIANG MAI)，再由當地導遊專車以「清邁」、「清萊」、「金三角」為重點。

「清邁」在古代泰國尚未建國年代曾為古都，故歷史文物古蹟處處，目不暇給。當代文明盛世隱約可見；

「雙龍寺」建於四千三百尺海拔山峰上，具有中國式的廟寺設計，金碧輝煌，為「清邁」觀光重點之一，唯須步行登高三百六十石階始能抵達頂峰，筆者年過古稀，不敢逞強一口氣往上爬，仍分三次停停走走完成這段陟峭登山石階。「雙龍寺」規模氣派獨具一格。站在陽台極目四望，「清邁」美景盡入眼底，遙眺遠空藍天白雲，世間凡瑣雜念一掃而空。據了解以前登山有纜車代步，兩年前發生事故傷了好幾個遊客，目前已在重新興建一座較現代化的纜車，以應付日增的香客、遊客。

中國人鍾愛「翠玉」甚於「鑽石」，相信翠玉有靈性，有除邪防身的傳說，絕非「鑽石」可比。君不見在字眼上「石與玉」兩字之間，誰為貴一目了然。「清邁」近水樓台先得月，位於泰北接近緬甸的翠玉、寶石礦區。滿腦子生意經的華人就在這裡開設了一家規模頗大的玉石、首飾加工廠。招徠有術，首先以大銀幕放映電影片，介紹「緬甸」礦區開採寶石實況，繼自礦區由騾或象馱運至市區，或由崎嶇山林走私至泰國那段辛苦驚險的「翠玉路」。最後介紹他們玉石加工廠；技術專家如何依其色澤、品質、大小、形狀選出等級、再設計製作各種各樣的精緻優美的首飾全部過程。陳列室之大是一般首飾珠寶店所僅見，琳琅滿目美不勝收。使我這個門外漢上了一堂「玉石開採加工課」不亦樂乎！據說緬甸翠玉甲天下，開採全歸政府收購，每年向國外招標一次。唯道高一尺魔高一丈，事實上百分七十以上則由走私運到鄰國去。

「養蠶治絲」根據歷史記載；「黃帝元配皇后嫘祖教導子民養蠶產絲織絲綢。」這一發明歷久彌新，在清邁有一家略具規模一貫作業的養蠶產絲、織絲綢、製衣及各種絲質的成品工廠，同時附設近千平方公尺的門市部。買了一條優美的領帶，重溫一課「嫘祖」養蠶治絲、織絲綢歷史課。樂樂！

「婈柿關口」泰緬接壤邊界約有二千公里，根據一九九〇年地圖所示，有公路可通者只有四個關口。其中一處關口是在泰北的「婈柿」。那裡有一條小河分隔了兩岸，架著一座約有六公尺寬的水泥橋。兩岸居民往來只須持有個別的身分證，就可自由往返兩岸，同時均駐有軍警，各高升著國旗以體現其主權。唯當地人民往還探親、通商、易貨等活動已打成一片。故任何有形的關卡都沒有嚴格的執行，何況山林接壤的邊界處處可通。君不見就使是受中國政府嚴密監視，西藏小活佛仍然有門徑帶著隨員，徒步越境逃奔印度。『地球是全人類的地球，人類遷徙定居的自由何時能實現？』

一連串的參觀遊覽，在獨立自主，沒有時間觀念的約束，特別輕鬆愜意，而在「清邁」、「清萊」所住的飯店分別為四星級的渡假飯店；「清邁廣場大飯店」及「清萊林谷山莊」。泰北渡假勝地雖處偏遠山區，惟交通卻十分利便，兩處均有設備完善的機場、公路寬敞四通八達。旅舍山莊設備豪華應有盡有，客房冷暖空調齊備。在「林谷山莊」偌大的園地邊臨湄公河。搭乘小汽船在一小時的遊程，通過泰、緬、老撾，湄公河「金三角」是這麼迷人。

今日「金三角」在國際反毒組織監察下，泰國這一邊已依原訂計劃改為觀光景點，與「清邁」、「清萊」串聯成為一線。同時為這一不毛之地早日成村，容許非法入境者合法居留。其中包括：緬甸山區土著、中國「雲南」、「西藏」山民及少數中國內戰時，撤退入緬甸李彌將軍第五十八軍官兵眷屬後裔。這支異域孤軍歷盡艱難走投無路，最後淪為變相的顧傭兵，幫政府打叛軍，也護運鴉片。落地生根與土著通婚而湮沒在漫長歲月中。

「金三角」雖然政府全力開發為觀光勝地，惟目前除了「鴉片紀念館」外，並沒有其他硬體的設施，雖然有些象徵式的各高山族群的村舍及十數檔販賣紀念品攤位，仍然缺少吸引遊客魅力。

在金三角最高景點，北望湄公河三角洲，左邊緬甸嶄新的觀光飯店，在河水中閃閃生輝，右邊「老撾」山丘林木，葱翠欲滴，極目之處水天共色。「金三角」已無秘可搜矣！

一個「金三角」褪了色、千百個無形金三角應運而生。據本國官方報告，我國有一百七十萬人染上毒癮，而中國國家禁毒委員會也正式透露：「偏遠地區非法種植罌粟時有發現，而全國在冊吸毒人口有六十八萬人。」確實數字難以估計。

吾人切須警惕，時時開導年青一代，遠離毒品，切勿逞一時之快，遺恨終生！「萬惡淫為首，百善孝為先。」「求名應求萬古名，計利應計天下利」，頂天立地堂堂正正做一個具有中華文化的菲律賓國民。

二〇〇〇年四月七日

清策渡假村是泰國的「香格里拉」

作者與瑤族婦女影於金三角。周邊爲成長的鴉片罌粟花

筆者夫婦影於金三角「鴉片紀念館」入門處

蘇比克自由港

(SUBIC BAY FREE PORT)

一九九一年九月，菲、美兩國軍事基地協約屆期，雖然當年的女總統「柯莉」及一般有識之士，均認為只要在條件上爭取較有利的情況下，應該續約才是國家之福。唯由於續約要有「參議院」背書才能簽署。時參院廿四位參議員過半數均以個人政治考慮，而非國家整體利益為著想，否決了續約，結束了百年美軍駐菲的歷史。

當年受影響的是「蘇比克海軍基地」及「克拉克空軍基地」，這兩個基地經美軍數十年的經營，她是美國駐外基地最完善者之一。

當年年底美軍開始撤離，不幸適逢鄰近(PINATUBO)火山大爆發，火山塵淹沒了中「呂宋」大片地區，包括了「克拉克空軍基地」，災民數十萬哀鴻遍野，在這災難中美軍含淚撤離我國，那裡有心情來「幫忙」，這是人情之常，怪誰？

設若這幾位參議員能以國家長遠的經濟利益為前提，以扮「黑臉」、「白臉」的方式來爭取「基地條約」有更優厚的條件，那麼我國在經濟上、國防上、科技、文化等都會獲得有形無形的益處。君不見「日本」、「韓國」、「意大利」等許多國家都容許駐有美軍基地，況且還要負擔一部份的駐軍費用。君不見今日「蘇比克」、「荷浪牙波」兩市的交通紀律及衛生拉圾處理，美國人的守法精神依然隱約可見。何況有朝一日我國真的富強了，再請他們走也不遲嘛，但是短視的幾位政客卻一定要收回基地，真是後悔莫及！

事隔九年這兩個東南亞最具規模的海、空軍基地經由政府投下巨資，改建為國際機場及多功能的特別經濟區，諸如旅遊觀光、休閒、輕工業城等。同時國際機場首先啟用了，惟由於週邊交通瓶頸、工會組織等問題而未能成氣候，徒有賭場、免稅店及旅遊業裝飾了門面。雖經政府積極鼓勵宣揚，實際上距離理想尚有一大段的距離。

「蘇比克自由港」經三位總統的努力，一心一意要她成為自由港硅谷電子工業園，比美「台灣新竹科學園」。依筆者粗淺的看法：海、陸、空的交通瓶頸沒有解決之前，一切計劃將難以實現。首先是海運，既沒有集裝箱碼頭，又沒有定期貨輪抵埠、陸運方面，到岷市「南碼頭」一百卅公里，要費五小時才能抵達，陸上運輸費用太高，價位低的產品難以負擔，空運方面則不但沒有定期班機、跑道及設備又難容七四七巨型機。因此在上述的交通問題沒徹底解決以前將難成氣候。唯有休閒、渡假、觀光設施堪稱完善，惟今日本國經濟日趨下坡，有能力渡假的人口有多少？

年底我有機會入住「蘇比克灣遊艇會」SUBIC BAY YACHT CLUB。她是會員制的休閒渡假逐波組織，會員非富則貴。在她自備的遊艇停泊區，數十艘純白亮麗的豪華遊艇，整齊安祥地停臥在碼頭碧水中。據稱每艘的遊艇市價均在數百萬至數仟萬元之間，每月的保養及停泊費用也以萬計。記得東南亞經濟危機啟發後，香港富豪深受打擊、資產縮水。本來以遊艇為身份的表徵的富豪，紛紛賤價出售豪華遊艇。我看「蘇比克」這些豪華遊艇遲早總會易主。

「蘇比克灣遊艇會」，主廈擁有豪華客房卅九間，高級餐聽也有四間，其他娛樂設施應有盡有，屬於四星級的設備，據聞客房通常要預先訂定，而其他餐廳等設施則沒有擁擠的現象。「蘇比克灣自由港」，環山面海環境優美，佔地共四千一百〇一公頃，分為工業用地三百六十公頃、商業等用地九十公頃、休閒旅遊用地二百四十五公頃、綠地森林二千一百九十九公頃、住宅區三百五十八公頃、社區中心設施二百六十三公頃及道路佔有率為三百二十五公頃。由這些數字來看「蘇比克自由港」目前她應該是一個居住的好家園、是個旅遊休閒的好去處。至於要她成為高科技的工業園、則尚有一段遙遠的路！

二〇〇〇年十二月廿日

作者夫婦影於「蘇比克遊艇會」

作者夫婦童心未泯，相偕於「蘇比克灣」嬉遊戲水

作者影於「蘇比克遊艇會」，背景爲價值不菲的亮麗遊艇群

塞車之都

老友林西京在五十年代引進德國最新型的造紙機械設備，工廠佈局有條不紊，選址更是慧眼獨具；傍偎火車鐵路，背靠出海河道。是一般原料及產品吐納量大的工業，首選的廠址。運作後又陸續將紙品加工廠，遷入新址遂成為一貫作業的造紙工業城。雄視東南亞，菲國紙業大王之名不脛而走。

林西京先生酷愛旅遊，每有國外商務之行，通常偕嬌妻「美華」同行：寓旅遊於商務令人羨艷不已。早年筆者有幸數度與他前往「日本」、「澳洲」及東南亞諸國，或赴國際會議、或商務旅遊。時發現他在飛機上有收集那種作為暈機嘔吐用的紙袋。一九六三年，那次在飛往澳洲漫長的旅程中，（當年尚沒有噴射客機）順便請教他：「您收集嘔吐袋，難道你會暈車？」他莞爾一笑：『暈什麼車?汽船、飛機都不暈，怎會暈車。小老弟你可知道，由我們市內營業部到工廠，一定要經過「加佬干」(CALOOCAN)與馬尼拉市交界「華僑義山」旁那條小溪。每於雨季經常由於垃圾淤塞而泛濫，導致路面淹水盈膝無法通車。短暫者一小時、嚴重者十數小時：車子進退不得是常見的事，這小紙袋在尿急時大大有用矣！』

那年代本國車輛雖然不多，人口亦尚稀少，惟由於美式民主脫軌，大家熱衷於選舉、想當官，致令朝政鬆懈。本來排水系統已古舊，何況獨立後未能依照美國人統治期間；每於雨季來臨前均有定期疏導河道、清理排水溝。故市內有幾處街段都會於雨季淹水難行，無形中影響到我國的經濟每下愈況。

七十年代東南亞諸國以吸引外資為發展經濟之主軸，一時蔚成風氣，經濟一片欣欣向榮，最成功者首推泰國。其間泰京市面一片繁榮景色，馬路上嶄新的汽車絡繹不絕、貨櫃車、公車、三輪機車塞了滿街，本來古舊狹窄的馬路經常水洩不通。卡在路上三、五小時是司空見慣的事。有位許姓台商曾告筆者他上午出門通常帶「便當」、飲料。俾塞車時在車上用餐。故曼谷市成為當年「亞洲塞車之都」實至名歸。

八十年代泰國痛定思痛，著手改善曼谷交通問題：興建捷運、市內通往市郊加建立體交流道、高速公路直達國際機場及市郊、嚴格執行交通律、加設行人道圍柵及天橋……。

去年除夕前往「金三角」在「曼谷」盤桓了三天，重遊市區及市郊觀光重點，深覺「曼谷」的交通問題已大有改善，過去為人所詬病的「塞車之都」已遠去不復返。

今日這一頂「塞車之都」的冠冕已落在吾人頭上。君不見「大馬里拉」(METRO MANIL-

A)一半以上的馬路，充塞著人力三輪車、三輪機車、大巴小巴、「集尼客車」。（一種仿照二次世戰美軍的吉普車之型體而加大的什牌裝配客車）橫衝直撞，任意停車上下搭客。路販、非法停車佔據了行人道及大半的馬路，在繁華的街段無一倖免。致令車輛行人混在一起寸步難行。其連鎖作用導致大小街段車速有如老牛拖車。

據政府最近調查研究所報告，「大馬里拉區」由於交通擁擠阻塞，每年損失菲幣一百五十億元，設若包括近郊、鄰省市鎮，其損失將會是天文數字矣！

根據筆者多年來的觀察、我國道路建設比起其他東南亞鄰國，有過之而無不及；吾人第一條輕軌捷運系統，(LRT)早在十五年前經已完成通車，第二條捷運雖然尚在施工中，唯第三條東歐式的捷運經於七月十九日全線通車矣。反觀台北市那條爭論多多、耗時最久、費用最昂貴的捷運直至前年才全線通車；而泰國首都的捷運則遲至去年十二月五日，泰皇七十二大壽全國子民祝福聲中才通車啟用。那麼我國的交通問題出在那裡？

本國的政治選舉文化是造成交通阻塞的主因；要選戰勝利除了要花大把鈔票外、還要投選民之好，侵佔道路的違章建築不能碰、在河邊建棚屋把全部垃圾及排泄物傾入河中不能取締、路旁蓋車庫、路中設球場也懶得去理，這些吃力不討好的糗事。因而行人滿街穿梭、行人道被停車及攤販所盤踞。大小客車任意停泊……。官員、警察鳩收保護費應運而生。側聞

「大馬里拉市」每日由「大巴」公司「上送」及行人道之攤販、非法佔據道路作商業用途者的「獻金」，每日以百萬元計。若然，還有誰閒情逸緻去搗蜂巢惹禍上身？

夫一國之交通網有如人體的大小血管，血管暢通無阻則健康有保障，不然痛風半身不遂，翹辮子的日子近了！世界上富裕國家的交通網四通八達、海陸、地下天空穿梭全國。

記得七十年代台灣蔣經國先生任行政院長的年代。全球經濟正處低潮，台灣海峽劍拔弩張，經濟岌岌可危。蔣經國毅然投入「十大建設」以疏解失業問題，並奠立全面經濟昇級百年基業。而「十大建設」項目中：「南北高速公路」、「鐵路電氣化」、「桃園中正國際機場」、「大造船廠」、「台中港」、「北迴鐵路」等，與交通有關的項目有過半之多。邇後台灣經濟起飛奠定今日國富民安之佳境，可見交通是一國之命脈！

回頭看看我國的交通建設，早在冀以南北高速公路作為輔助南北「呂宋」鐵路之陳舊不足。惟由於美式民主政治脫軌，致數十年來南北高速公路乃區區二百公里，而南北呂宋火車鐵路卻因陳舊失修而早潰不成車，何況目前大岷區的鐵路兩旁已為貧民所佔、動彈不得，恢復舊觀已無望。交通！交通！何時暢通？好讓我們把這頂「塞車之都」的冠冕早日送出去。

二〇〇〇年七月廿六日

筆者影於曼谷捷運高架車站

曼谷捷運與本國第三捷運有殊多類似的地方

黎剎與西班牙

去年菲國隆重慶祝獨立百年連串的活動，於年初推出一部歷史巨片；「扶西黎剎傳」(JOSE RIZAL)作為盛事的句點。

該部電影於聖誕期間在全國數百家電影院聯映經月，盛況不衰。若以菲律賓人天性來說，素喜歌舞愛情故事，情節詼諧笑料連篇者，最能寶座。者番「扶西黎剎傳」是部近乎沉悶的歷史片。它的轟動令筆者大出意料之外。

「扶片」製作嚴謹，何況它是百年的近代史，有關歷史著作文獻殊多，考據不難。故其對歷史的史實演釋無可置疑。「扶片」編劇、導演、演員等均為菲國一流之選。全劇採用類似「末代皇帝」(THE LAST EMPEROR)西片，分段倒述的方式，演述「扶西黎剎」的一生；由童年、求學、愛情、行醫、寫作……並次第完成兩部巨著「社會毒瘤」及「貪婪的統治」；指斥「西班牙」帝國主義殖民統治、奴役同胞、橫征暴斂。觸怒了統治者被捕入獄，終於以非法結社、（他並沒有結社）文字煽動反政府之罪判處極刑。

看完了這部歷史巨片，歸途中沉重的心情油然而生，回想到祖國人民何辜；千百年來在歷代帝王統治下，外族侵佔下受盡悲慘的迫害，焚書坑儒、暴君淫樂專橫無道、草菅人命濫殺無辜，罄竹難書。就使是近代；中國人民推翻滿清王朝建立民國，及至北伐、日寇侵華血染半壁河山，國共內戰兩岸分治。這段百年近代史，中國人民的基本生存的權利不但受到踐踏，就使是個人意志的表達也曾被統治者視為異數加以鞭韃迫害。

反觀「扶西黎剎」雖出生於「西班牙」帝國遠征軍統治下，（六月十九日一八六一年）卻仍然有受正規教育的機會，出洋留學西班牙、英國。及後出版了一部反殖民統治之著作「社會毒瘤」，痛斥統治者橫征暴斂、奴役同胞。三年後（一八九一）再完成續篇「貪婪的統治」，震撼了統治者。一八九二年甫抵國門即被捕受審，終以反政府言論，發配邊疆墾荒歷時四年再解岷城，囚於「聖爺戈堡」(PORT SANTIAGO)，提控於軍事法庭，終於罪案成立判處死刑。

上述這段史實，讓吾人深切了解「西班牙帝國」在菲律賓的極權統治，卻仍然有些基督人道的精神。「黎剎」第一部書至第二部書的發表，其間三年有餘，西班牙統治者並未立即逮捕囚禁或槍決。在中國那些年代是不可思議的事。

迨第二部「貪婪的統治」問世，回國後被捕經判決遞解邊疆也沒有受不人道的辱待，及至四年後菲律賓人民反殖民統治執竿而起，震撼了統治者，始再依軍事法庭審判，處以死刑。當時並容許家屬至友出庭觀審，且有辯護權利。

受刑前禁錮於「聖爺戈堡」，囚室窗明几淨，（目前在「聖爺戈堡」的黎剎紀念館仍然保持原貌）起居飲食不差，行刑前綑綁雙臂步行至刑場均未受辱待，尤其是綑綁上臂的方式，（見附圖）比起祖國的五花大綁、或綑綁雙手於背後，在在表現了西班牙帝國主義當代的文明。

去年歐遊前後在西班牙有十二天之多，足跡遍及「西班牙」首都「馬德里」(MADRID)、工商重鎮「描仁舍」(VALENCIA)，面臨「地中海」旅遊貿易港口名城，「巴薩倫那」(BARCELONA)及渡假勝地「瑪玉嘉」(MALLORCA ISLAND)。

西班牙王國位於歐洲西南部半島，介於「地中海」與「大西洋」之間，北鄰「法國」西連「葡萄牙」，扼「地中海」、「直布羅陀海峽」。五百年來航海家輩出。公元一四九二年哥倫布(COLUMBUS CHRISTOPHER)得「西班牙」女皇之助，由「巴薩倫那」港都出海，發現了西印度群島及南美洲海岸新大陸，啟開西歐人的移民潮。公元一五一九年探險家「麥哲倫」(MAGELLAN FERDINAND)蒙西班牙國王「查理五世」資助，由「直布羅陀海峽」出海東航，終於一五二〇年發現「麥哲倫」海峽（以他為名），再渡太平羊至菲律賓，「麥哲倫」

不幸為當地酋長「拉布拉布」所殺，其部屬則繼續西行，終於一五二二年完成環行世界一週，確證地球是圓的。國際關係由此改觀。

「西班牙」自紀元前二一八年「羅馬」人入侵，曾為「羅馬帝國」之一省，迺後「羅馬帝國」國力日衰，「西班牙」遂為諸侯割據紛爭數百年，直至一五一二年才完成統一大業，國勢日昌十六世紀達到頂點，在海外建立殊多殖民地，包括菲律賓、南美洲各地。今日西班牙語系比比皆是；就使是美國地區、街道以西班牙文為名者也隨處可見。

「西班牙」在第二次世界大戰並未被波及，倖免為戰禍所蹂躪。惟三年慘烈的內戰，（一九三六～一九三九）卻使國家元氣大損。迨「法郎哥」元師(FRANCESCO FRANCO)以勝利者獨統國家大權卅五年直至他回歸天國。（一九三九～一九七五）在位期間，實施獨裁統治，致其經濟發展遠遠落在其他歐洲鄰國之後。一九七五年「法郎哥元帥」去逝，繼承者始開始採取君主立憲政制，類似英國、實施民主政治，舉行選舉，經濟逐漸改觀；目前國際外匯存底大有增長，可稱為小康之國矣。

七十年代末期海外西僑大回流，資金滾滾來自南美、中歐。在菲律賓的西裔主有的；煙草、雪茄煙 TABACALERA、ALHAMBRA 等大煙草集團、造紙、糖業巨子撤資回流可窺其一二。也是華人在你丟我撿之下，日漸形成為一股可與西裔財團分庭抗禮之局勢，順此一提。

「西班牙」實施民主政治自由經濟政策後，經濟發展有長足的進步。且於九十年代分別舉辦「世運會」、「世界博覽會」，成績斐然。遂使西國躋身入歐盟共同體之組織。

「西班牙」首都「馬德里」(MADRID)位於全國正中央，人口約三佰伍十萬，市區交通網井然有序、地下捷運美侖美奐，交通線四通八達，據說有七條高速公路銜接全國，其中只有二條是要付通車費，餘者均為免費。這樣在「經濟」方面不但節省汽油的消耗，也節省了行車的時間、大大的發揮高速公路的效益。比起「兩岸」的高速公路段段收費大有徑庭之處。其實在汽油稅、車輛每年登記費做些調整就可以彌補那些傷財費時的「買路錢」，同時還可以促使車主在可有可無再購買第二輛車時，得以再三考慮而自動為國家節省外匯。

香港友人徐元楨、王麗鴻夫婦（香港國際煙草巨擘）內子秀蘭及筆者一行四人，在「馬德里」遨遊四天。觀賞了一場西班牙國粹「鬥牛」，（參閱拙作「鬥牛」一文）並千方百計要試圖品嚐西班牙名菜「海鮮飯」(PAELLA)。

記得六十年代在「馬里拉」有好幾家以「西班牙」菜為主的餐廳如："CASA MARCOS"、"ALBA INTERNATIONAL" 等家，尤以位於 MANDALUYONG 市的「MADRID RESTAUTANT」最為有名，她不但有氣派，設備排場豪華，加以主人（西裔）個人的古董藝術品收藏頗豐、高水準的排設佈置技巧。她不但菜餚道地、服務、餐棹禮儀在在顧及，芳名蜚聲環宇，曾兩度榮獲「世界十大最好之餐廳」美譽。可惜主人夫婦相繼辭世，接班無人，餐廳也就隨之關門，殊為可惜。忝為該名餐廳常客未免時常想念著她那香噴噴的“PAELLA”（海鮮飯）。

這番在“PAELLA”老家，走遍大街小巷，上至「麗池」大飯店、下至偏街僻巷的小餐廳都未能品嚐到適合口味的“PAELLA”。據了解在菲律賓“PAELLA”海鮮飯只有一種。目前以「VIA MARIE」最為可口。在西班牙本土“PAELLA”可謂千變萬化：烏賊“PAELLA”、青蠔“PAELLA”、綜合“PAELLA”、鮭魚等等不知名的海中奇珍都可入味“PAELLA”之中，吾人既不了解「國情」也就沒有辦法品嚐到適口的“PAELLA”矣！

筆者童年抵菲律賓，時西班牙語仍然流行，就使是目前菲律賓國語中仍舊有殊多的「西班牙」語滲雜其間，故此筆者還記得幾句「西班牙」日常應用語，這番在西國旅遊大可派用場矣。因而徐先生總是要我用西語去問路，購物時又要我去當翻譯；豈知事過一甲子，我的西語已是「有限公司」矣。

在「馬德里」公園巧遇到一對來自台灣的劉姓夫婦，千里他鄉遇台胞格外親切。他倆很熱情，承告他們是在這裡過退休生活。問他為何選擇「西班牙」？他說：首先是他的兒子來這裡留學，二者；比留學英、美，可節省一半費用之多。同時西語也是世界上主要語言之一，且較冷門，故今後就業、做生意的機會相對的較佳。來了幾趟就喜歡了「西班牙」。美國有什麼好？滿街黑人好可怕哦！這裡男男女女雖然工作比較慢半拍，可是天性樂觀容易相處；更重要是環境優美、交通便捷物價平廉，生活程度跟你們菲律賓差不多。這些好處使我倆決定在這裡歡渡餘年，哈哈哈！

「馬德里公園」有座和菲國「黎剎公園」一模一樣的黎剎殉難的紀念碑。並有文字記述黎剎殉難史實，毫不隱瞞當年西班牙遠征軍專橫無道的殖民統治。使我聯想到日本人若能在東京建一座「南京大屠殺紀念館」或是「楊總領事殉難紀念碑」以讓日本人世世代代悔悟反省，當年發動侵略戰爭滔天罪行。相信國人及萬千東南亞人民當會一笑泯恩怨！

「巴薩倫那」(BARCELONA)得天獨厚成為各大遊輪的集中點、「西班牙」國際貿易重鎮，各路遊輪川流不息。吾人一行十二人分別由不同的地區來此匯合上「VISION OF THE SEA」巨輪，遨遊「地中海」(MEDITERRANEAN SEA)名勝、古蹟。計有「西班牙」渡假勝地 PALMA DE MALLORCA、「法國」的 MARSEILLES 古城、「意大利」的 LIVORNO-NAPLES、OLBIA 等觀光勝地，七日的遊程很快的飛逝。歸途中與徐先生均有這一趟的「七日地中海遊」，似有所不儘餘興的感覺。有些與前幾趟乘郵輪遊北美、南美、中美、東南亞及日本等地歸來時；總是依依不捨，美好的回憶永縈腦海念念不忘。問徐元楨夫婦有何感想？

徐先生一語驚醒夢中人：「現在的遊輪越來越大頓位，對相是年青人、節奏快，票價大眾化。以前那種高價位豪華貴族享受，夜晚甲板數星星的情調已一去不復返。我們已老矣！不能適應這快節奏的遊輪。」（參閱拙作「遊輪的省思」一文）。

一九九九年三月十日

附：扶西黎剎略傳（銅牌立於「聖爺戈」古堡）

扶西黎剎(JOSE RIZAL)生於一八六一年六月十九日，時菲島為西班牙帝國之遠征軍所統治。父(FRANCISCO MERCADO RIZAL)母(TEODORA ALONZO)。扶西排行第七，上有一兄五姊，下有五妹，具有華人血統，為當地名望素孚之家族。扶西幼年在故里受西班牙文及拉丁文之教育，在校品學兼優，及長北上岷城(MANILA)晉入中學，學行更佳，曾得獎五次之多。在校期間目睹西班牙人對菲同胞之種種歧視迫害，嫩弱之心田已萌怨恨之根。十四歲得文學士學位，旋入聖大(UNIVERSITY OF STO. THOMAS)攻讀哲學，旁及美術，後因母眼疾，遂改念醫科，並渡洋西國深造，於一八八五年畢業得醫學博士學位，時僅廿五歲。爾後執教於西國大學。扶西雖少年得志，青雲直上，仍不忘故國同胞慘遭殖民統治之苦，乃開始草寫『社會毒瘤』一書，痛述統治者橫征暴歛，奴役同胞之慘況及統治者姦淫掠奪醜惡之嘴臉，書成偷運返國，一時人心沸動，當局頒令禁書，違者處刑，惟讀者愈多。一八八八年二月三日轉赴英國，從事寫作，再完成『社會毒瘤』續篇『貪婪的統治』，該書在巴黎付梓出版，潛運來菲，暮鼓晨鐘，各地人民受其鼓舞，執竿抗暴此起彼落，震撼殖民統治者。一八九二年六月廿六日甫返國門，七月六日即被捕囚禁，越十七日以反政府言論罪名，發配邊疆墾荒，歷時四年又十三日。一八九六年十一月三日，再解回岷城(MANILA)，囚於聖爺戈堡(FORT SANTIAGO)，禁絕探訪，同年十二月十六日以非法結社及文字煽動叛亂罪，被控於軍事法庭，十二月廿六日以罪名成立，被判極刑，於十二月卅日清晨七時在倫禮沓(LUNETA)公園從容就義，時英年卅五。刑前以西班牙文寫成訣別辭一篇，正氣磅礴，慷慨激昂，為菲國一大文獻，這篇長詩係藏於油燈內，由其妹帶出囚房。

一九八六年六月十二日施青萍　謹識

扶西黎剎就義前的彫像

馬德里及馬里拉市的黎剎紀念碑一模一樣

歐陸蹌蹌

鮮花王國荷蘭

提起「鬱金香」就會聯想到「荷蘭」這個美麗的國家，「荷蘭」的地理條件並不好，她原始不但是沼澤河道縱橫的低地國家，就使是今日，荷蘭仍然有五分之二的國土處於海平線下。但是「荷蘭」人自古養成了毅力決心，克服惡劣環境，化腐朽為神奇，利用特殊的地理條件，創造奇蹟，把「鹿特丹港」周邊地區建成歐洲首屈一指的營運中心。

鹿特丹港(ROTTERDAM)目前是歐洲貿易營運樞紐，撐握著歐洲繁榮的生機；德國海運百分之六十抑靠鹿特丹港之輸送、「歐洲聯盟」十二國三分之一貨物的吞吐，要依賴鹿特丹港設備系統始能暢通無阻。於今該港連續卅年保持了世界第一大港的榮銜；每年起卸量為三億噸。這是荷蘭人的榮耀。

「荷蘭王國」(KINGDOM OF NETHERLANDS)是她的正式國名，西北臨北海，南接比利時、東鄰德國，人口一千六百萬。面積只有四萬二千六百四十二平方公里，（荷蘭人以填海取地著稱，國土逐年增加）是一個人稠地小的國家。十七世紀擺脫西班牙皇族的統治，十八世紀在趕走法國侵略軍漫長戰爭後，建立了獨立國家；第二次世界大戰為德國所侵佔，人民飽受迫害、經濟遭受摧殘。光復後全國上下一致，官民同心協力重建國家，五十年代中期經濟建設已具根基、六十年代遂成為歐洲營運中心。

荷蘭天然資源殊為貧乏、農產品微不足道，奶品畜牧則頗有成就，尤以優質乳酪產品聞名於世。在工業方面雖然有照明、電機；巨人「菲利浦」(PHILIPS)及名揚遐邇的鑽石切割等精緻工業，惟為數不多。因而荷蘭人有了招商的共識，盡力吸引外資前來荷蘭開公司、設工廠，政府及民間對投資者十分禮待；不像一般亞洲落後國家的政府，雖然深知民間或外國投資是振興經濟、改善就業唯一法寶；然而政策實施均難落實，如官僚繁文縟節的作風，對一般申請曠日累月拖遲，法制不明確，致執行一般條例十分呆板，時常有刁難反商的意識，致貽誤全部計劃。荷蘭人在這方面不但處處為投資者著想，公文處理迅速，甚至在必要時，政府機關會特別加班工作，俾減輕投資者的損失。據聞日本「三菱汽車廠」投資一案，荷蘭卯盡氣力，耐心地等了十五年才爭取到三菱的投資，成為當年的美談。一位台灣朋友亦告訴筆者：「我們申辦文件若有時間性，他們通常會從速加班處理，在台北這是難以想像的！」。是的，菲國雖然經由總統親自出馬招商邀請外國人來投資，惟對本國的投資者卻有明顯的忽視，況且本國基本建設，如交通、通訊、電力、燃油等，都不穩定又昂貴。勞工法制則常以政治考慮而制訂，對投資者基本權利很難受法律的保障，致使投資者若有勞資糾紛時，可能一夜之間就要關門大吉。或生命飽受威脅，在這種環境下吾人豈能期望大型工業會在我國生根繁榮？

荷蘭首都「阿母斯特丹」(AMSTERDAM)雖有人口七十萬人，市面看來卻有點閒散，沒有一般亞洲新興都市之活躍、熱烘烘、街車擁擠的活力。市中心古老的街市，河道交錯，據說市內有拱橋一千九百五十七座，運河一百六十條，把「阿母斯特丹」市構成景緻優美的水都。嬌巧彩色繽紛的建築群，更展現了「阿母斯特丹」歐風獨具的街景。唯為世人所讚賞的，當推市郊的鮮花工業集散中心：「AA LSMEE FLOWER AUTION CENTER」。

在一個朝陽和煦，清風拂臉的清晨，我們驅車來到這個鮮花王國的「宮殿」「AALSMEER FLOWER AUTION」首先映入眼簾是座整潔明亮、樓高六層的行政大廈，入口處為廣闊的花園池塘，草坪青翠欲滴，花木姹紫嫣紅；這一座清靜幽美的花園大廈，誰都不會想到「腹裡乾坤」，竟會是一所佔地七十一萬伍仟平方公尺（715,000 SQUARE METER)

多功能的大廈，其面積之大等於有一百二十個足球場那麼大，是世界上最大的商業大廈之一。每日處理一千四百萬朵鮮花和一百五十萬棵的盆栽花木；AALSMEER 是由荷蘭五千花農所組成的合作社，每日由午後至深夜鮮花即由全國各產地源源不絕地送來，經過修剪、分類、包裝、保鮮及倉儲等專業化的處理。清晨六時卅分即開始在五個全部電腦管理的拍賣廳，陸續拍賣當天所有的鮮花，同時將成交的鮮花裝上貨櫃車、卡車、火車，及時送至最接近的港口及飛機場，運往世界各地，送到愛花人的手裡，讓世人快樂。「FLOWERS MAKE PEOPIE HAPPY」是「鮮花王國」的口號。

夫鮮花是脆弱、易爛的產品，故無論在整修、包裝、保鮮、倉儲、運輸等過程都要有非常精細技術及「愛心」、才能使鮮花由遙遠的花國送到世界各角落愛花人手中時，仍然保持鮮艷如初，這是一個大學問。

「AALSMEER」為荷蘭每年賺進了卅億美元的外匯，同時該合作社也僱用了一千八百位員工；若連同出口商、運輸公司等有關業務的員工計算，該大廈經常有一萬人在工作，其停車場就可以停大小車輛三千五百部之多。其規模之大可見一斑。

二小時的「步行看花」的參觀，歸途中腦海裡一直在思索；菲律賓是熱帶群島國家，陽光水源充沛，土地肥沃，很多奇花異草都在本國繁植，但是這樣精細的產銷制度，就像太空一樣，離我們那麼遙遠！君不見在本國由五十公里外，產地運到大「馬里拉市」的香蕉水果，據非正式統計，只有百分六十左右能夠完美地賣到消費者手中。若然吾人豈敢奢望我國鮮花工業能出人頭地！據資料所示我國也有出口鮮花，每年只有二百萬美元，惟入口之鮮花則不止此數，真是令人慨嘆。

「阿母斯特丹」還有另一種花：「櫥窗花」(WINDOWLADY)，以市中心「解放紀念碑」廣場為分水嶺，前為文物、古蹟及商業區、紀念碑。背向的數條街段則列為風化區，不但「性趣商店」林立，「成人玩具」、「性趣」錄影帶、磁碟VCD，畫刊林林總總陳列滿街，更甚者連「成人電影」、「真人表演」也公開演出，致令一般保守的遊客驚奇不已。

在華燈初上時，沿著河道走過一個街段，運河的兩岸就是「荷蘭」與鮮花齊名的「櫥窗花」。記得一九七二年初次遊歐洲時：曾由當地許姓友人帶往參觀這風化區的「櫥窗花」，整整兩條河邊街段，連續數十棟的公寓，底層面街大窗都可以看到「花」。通常是位妙齡少女，穿著端莊、薄施脂粉靜坐在室中，窗前紗巾半啟，室中光線柔和，這些少女有的是在編織羊毛或玩弄著小貓、或專注在看書。沒有說穿的話，你豈能相信她們是有價待沽的妓女，據友人語筆者；因為當地法規定娼妓勾引「良家男人」是有罪的，所以不但服飾要端莊，更不能站立面對窗外跟參觀者眉來眼去。因此只得「安份守已」、「目不斜視」靜坐在那裡等待買春者自動上門按鈴，才算合法。真是有如太公釣魚，離水三尺願者上勾，一笑！惟今日舊地重遊，拱橋河堤依舊在，景物「春花」已全非。這些「櫥窗女郎」幾乎一絲不掛赤膊上陣，且手舞足蹈，極盡挑逗之能事。一有嫖客上門，窗巾一拉，就在旁邊簡陋的小床上，幹起妖精打架的醜劇，讓人噁心。荷蘭人對「性趣」這一方面可以說比北歐性開放更開放，難怪一位蔡姓的僑領曾經這樣的警告：「你們千萬不要讓太太單身去參加歐洲旅行團，那裡「性趣表演、成人電影」經常旅行團都包括在行程中，那些成人電影在攝影技巧、剪接燈光誇張下，無論是「尺寸」、「技巧」吾人均相形見絀……」

荷蘭是民主國家，或許政府為遷就小部分人民的意願，政客也來一套「民之所欲，盡在我心」，所使然。其實在台灣甚多二三流的旅社飯店，客房中電視機均有「成人電影」全天候免費播出，（歐美大飯店則要收費）記得五年前參加了雙十致慶團到台北去，被安排下榻於一家三星級的飯店；翌日在餐廳用早餐時，全體男女團員臉上都綻出一朵神秘如蒙娜麗沙的笑容。（MONALIZA 名畫像），這種非法中的合法，合法中的非法，就讓社會學家去探討罷！

一九九六年十月卅一日

影於「阿母斯特丹」童話式的街景，美不勝收。

世界最具規模的荷蘭鮮花供應者："AALSMEER"

遊輪的省思

星期六「蔡志忠」要趕往大陸家鄉，主持翌日他所捐獻的校舍落成典禮，抵達國際機場始知「菲航」工會突然於今早發動罷工，致無法成行，一生最光榮的時刻就此泡湯。

「民里道」整個上午與電話公司查號台鬧了半天，總是找不到他幾位客戶的新電話號碼。最近電話號碼由六位數增至七位數，電話公司並無妥善的安排，致造成工商界正常活動深受影響。

「CARLTON」印刷公司正在趕一批有時間性的印件，電力公司沒有預先通知頻頻有間斷的停電，致印件未能如期交貨，引起無謂的損失及糾紛。

「加洛斯」清晨專車趕送一些電腦磁碟軟件前往PAMPANGA工廠，預估中午以前抵達，庶免電腦管理的機器有停頓之慮。豈知路經EDSA大道，一陣十分鐘的驟雨，地下道淹水三尺，交通斷絕三小時。未能及時抵達工廠，致令工廠自動系統被迫中停，損失不貲。（以上均為假名）

上述事例在本國是司空見慣的事，這些突發難以預估的糗事、嚴重影響了本國產品的競爭能力。因此就使是我國總統藍慕斯御駕親征，率領財經、工商巨子、內閣閣員週遊列國招商，也只能贏得甜美的承諾，落實前來投資者寥寥可數。值得吾人省思！

六月中旬筆者與香港友人徐元楨夫婦會合於「日內瓦」，途經西班牙首都「馬德里」(MADRID)前往「描薩倫那」(BARCELONA)搭乘世界今日最新遊輪(VISION OF THE SEA)。她是今年五月中旬才在「意大利」造船廠下水，排水量七萬五仟噸，設計新穎，設備齊全超越五星級大飯店。管理全部電腦化，且有衛星通訊導航等高科技設備。

自五月廿三日首航，川行於「地中海」旅遊勝地；由「描薩倫那」出發遨遊「西班牙」素有蓬萊島之稱的 MALLORCA、巴馬市(PALMA)、法國 MARSEILLES 避暑名城、意大利 LIVORNO 及 NAPLES 古城、最後抵達海水湛藍如寶石的 OLBIA 濱海渡假村莊。是艷名遠播、弄潮休閒的好去處。據導遊告稱：英王妃「戴安娜」在巴黎車禍喪生前一天，是在 OLBIA 與其男友「希臘」花花公子在此地渡假戲水逐浪。

這一遊程第七天返抵「描薩倫那」而終結，再周而復始直至十月才移師至北歐或南美洲其他航線。我們一行於七月四日登船，七月十一日下船，這一趟已是「VISION OF THE SEA」自五月廿三日首航至今的第七航次；是日清晨六時抵達港岸，七時半第一批旅客下船，繼後每隔一小時、第二至第五批旅客順序下船。由於最後一夜在船上的準備工作做得好，因此一千七百名旅客、二千三百件行李都能循序準時上岸。更難能可貴的是他們按照旅客填報的續程資料：如當地旅客、搭乘火車、飛機前往他埠、或其他需要特別安排的旅客，於抵埠前分發有顏色的標籤讓旅客貼在行李箱上以資識別。白色是第一批七時半下船，他們需要直接送到機場或車站趕上午的班次。而紅色則分配給那些午後班次的旅客……如此據急緩情形分發五種不同顏色標籤，依序下船領取行李一絲不紊。當天過午這豪華遊輪已全部清理完畢整裝待發迎接下一批旅客上船矣！

VISION OF THE SEA可容二千一百位旅客，由於高科技電腦化，甚至採用「塑膠幣」的方式，以「登船卡」與「信用卡」掛勾。故在船上一切消費；如免稅店、照像沖印、特種飲料及陸上旅遊等費用均由「登船卡」支付，省時省事。故全部船員，食飲、娛樂、演藝人員等尚不到七百人，據悉一般同類型的遊輪通常要一千人才夠廿四小時輪班服務。可見其精簡有效率之一斑。

該船的員工來自十六個不同國家：歐洲、亞洲、中南美洲等為多。其中包括來自北京及菲律賓的同胞。交談起來鄉音倍覺親切。菲律賓人據說有六十位左右，大部份是餐廳待應生或維修保養技工。負責我們餐廳這兩桌的有位菲律賓人，名NESTOR，相處七天一見如故，他招待特別殷勤予人好感。他說「太太是在台灣工作，他在這船公司工作快要一年了，由於工作表現良好，才能調配到這新船來服務。」問他「夫妻聚少離多各處一方、子女留給岳母照顧，這樣不是很痛苦的事嗎？」。「是呀！很想回家，但是回到馬里拉又很難找到這樣好的工作。」（每個月薪水及小費約二仟美元）他木然無奈地說。「你很喜歡這個工作？」我問。「我是師範系大學生，肯定的！這不是我理想中的職業。但是找不到理想的工作以前，這一侍應生生涯算是最好的職位嚕」他展顏一笑自我安慰地說。「你們可有組織工會嗎？」我問。「非正式的菲人聯誼會是有的。『工會』？要罷工嗎？我們一罷工你們中午就沒有飯吃。船員逕自乘小艇上岸、把你們棄在海中，行嗎？這樣今後還有誰要乘遊輪，船公司垮了，投資人豈敢再來投資這一行業？」他滔滔不絕講了一大套他的見解。

聽了NESTOR一席話聯想到「菲律賓航空公司」駕駛員五月間因公司根據與工會所簽之合約，欲令屆滿退休條件者，辦理退休。工會竟漠視合約絕不退休，而再次發動罷工、「勞工部」以癱瘓國際及全國空中交通影響國家及廣大人民之利益至鉅、遂三申五令促其返回崗位。唯桀驁不馴的工會，不但蔑視廣大民眾之權利及法令；甚至在罷工前夕把一架載滿乘客飛往「曼谷」的班機，把飛機與乘客棄在泰國，而駕駛員逕自渡假去，讓國家蒙羞，令數百旅客羈留機場不知所措，至為可憐。像這種為非作歹的事，據說資方或政府竟無採取法律制裁行動以儆效尤。

夫我國自一九四六年獨立以還，菲幣兩塊比一美元，貶到今日，竟達四十三披索才能兌一美元。

總統換了十三位，憲法又修又改。五十年不變的是吾國經濟每下愈況。該是自我省思的時候了！一樣是菲律賓人在國外工作勤奮敬業樂群。數百萬人在海外工作，足資證明無論藍領白領工大都受其顧主所歡迎。而在本國則不但缺少責任感、榮譽感及國家最需要的「紀律感」、因而衍演成一種失望及漠不關心的文化。這種文化使吾人失去了國家競爭能力、更令廣大人民難以脫貧。

春秋時代「齊國」名政治家「晏子」語楚王：「橘生於淮南為橘，生於淮北則為枳。」本國的政治、經濟土壤只能生長又小又酸的「枳」、沒有可能培育出甜美碩大的紅椪柑。清醒罷！“JUAN DE LA CRUZ” 好讓不久將來的一天，VISION OF MANILA 豪華郵輪，滿載著歐美、東南亞遊客，遨遊在這碧波藍天、白沙艷陽、芒果榴槤飄香的千島之國。

一九九八年七月十日

作者夫婦影於遊輪交誼廳入門處

餐廳待應生 NESTOR，負責招待這一枱

瑞士的啓示

「你是從那兒來的？」。「我們是馬里拉來的」。「哦！我知道了，「馬里拉」是菲律賓的首都，她是個熱帶的城市」。「妳去過菲律賓嗎？」。「沒有去過，可是我的家裡有兩個FILIPINA，從她們口中聽到的」。

上面這一段對話，是我跟內子秀蘭，在瑞士「蒙特麗詩」(MONTREUX)一個背靠名山「阿爾卑斯脈」(ALPS)，面臨「日內瓦湖」的渡假邨，跟一位瑞士富豪的女兒的一段會話。當時我內心一震，感慨萬千、痛在心頭，草草結束本來應該是很愉快的歡談。

自從歸化為菲律賓籍民，我更愛這個養育我成長的國家；可嘆的她自一九四六年獨立至今整整半個世紀，國運多舛，政治經濟依然未能納入正軌，致久久難以脫貧。據最新的統計；我國國民每年平均收入只有美金二千九百三十五元，是東協盟國最低者之一，比起新崛起的盟國「馬來西亞」國民每年平均所得，美金九千四百七十元，竟超越我國三倍之巨。

由於人為的因素，本國經濟長久以來均未能穩定持續的發展，遂使失業率高居不下，導致數以百萬計的菲律賓同胞，得離鄉背井與親人分離，前往國外覓求較好的收入，俾解家庭之困。這些出國打工者，過半為女幫傭，其他男性則多為做粗活的藍領工人，這些可憐的人不但要遠離親人，到陌生孤獨的地區做那卑賤工作。且在行前還要張羅借貸，以籌足一筆受官僚繁文縟節的費用，及那貪婪昂貴的仲介費用。

據瞭解目前分散在世界各角落的我國傭工、約有四百萬人之多，雖然她、他們每年為國家賺取了五十至七十億美元的外匯，是本國匯率持穩的支柱。然而卻換來了：FILIPINA一詞常被外國人當做「女傭人」的代名詞。更甚者竟有一外文字典把「FILIPINA」一字，解釋為「女傭人、家庭幫傭」。因而有去年我外交部正式向該出版公司提出抗議更正的事件。況且持有菲國護照的官員及受尊敬人士，偶爾也會被外國移民官員刁難、無禮要求查看是否有帶足美金及搜身等歧視行為，真是令人傷心！

瑞士是中歐一個小國，土地面積只有四萬一千二百八十八平方公里，人口七百一十萬。北鄰「德國」、東毗「奧地利」、西接「法國」、南連「義大利」。領土大部份是高山峻嶺、阿爾卑斯山脈(ALPS)就佔有全國百分六十的面積。公元前五十八年曾為「凱撒大帝」所征服，成為羅馬帝國一省，十五世紀瑞士為獨立而參加了多次的戰爭，終於在一四九九年獨立。一八四八年制訂憲法，建立兩院代議制國會，宣示永遠中立國策。第二次世界大戰結束後，瑞士迅速發展精緻工業、他們由「瑞典」進口鋼鐵金屬，然後製造精密機械、儀器、手錶等昂貴的瑞士產品，通常其附加值為三個零（一千倍）。難怪瑞士人每年平均入息達美金二萬四千八百五十元（一九九五）為全球之冠，遠超過美國、德國、日本等經濟大國。

日內瓦(GENEVA)是聯合國總部所在地，其他諸如世界衛生組織、世界勞工組織等世界性機構均以此為基地，因而冠蓋雲集執國際會議活動牛耳。蘇黎世(ZURICH)則為世界金融中心之一，是掌握世界金融活動之樞紐。

瑞士天然資源有限，然而高度專業化工業卻為數不少，如在菲律賓設有工廠，並於去年以大手筆收併奶品、畜牧、雪糕名廠"MAGNOLIA"的「雀巢公司」。(NESTLE PHILS.)其總部就設在「日內瓦」，投資觸鬚廣布全球。該國農業以畜牧奶品為主，其他產品均微不足道。

瑞士是零文盲的國家，國民文化水準高，政府制度化，執法嚴格清廉，公權力未曾受過挑戰，國民守法，居住環境優美清新，公共設施齊全方便，雖然家家戶戶擁有槍械軍火，惟治安良好、居家出門都十分安全，（參閱拙作「行萬里路」歐洲篇）堪稱世外桃源。

綜觀上述瑞士的素描，姑無論是土地面積、天然資源、人力資源、地理環境等條件；吾人那一樣比不上這蕞爾小國？為什麼吾人久久不能脫貧？我心碎地這樣問？

或許很多人會歸咎馬戈斯政權廿年的專制統治，才把菲國經濟弄至搖搖欲墜的地步。惟依筆者的見解；馬戈斯政權廿年的獨裁統治，只是加劇經濟的全面衰退。究其肇因應追溯菲國獨立後不久，即遭世界革命洪流的沖擊；五〇年代初葉，世界共產主義盟主蘇聯冀以工農無產階級鬥爭赤化全球。中國革命成功更加鼓舞東南亞新興國家，革命奪權的運動。遂有本國「民抗軍」武裝革命力量佔據農村與政府對抗。工農組織也建立了統一戰線，拖住甫獨立不久的民主政府後腿，時學生示威、工人罷工無日無之。才是本國民主制度脫軌、經濟崩潰的導火線。五十年代菲幣貶值、外匯管制、統制是最好的明證。

今日菲國在「九二」憲法實施下；總統任期六年不得連任，選舉次數亦由每兩年一次，（大選及地方選舉）改為每三年一次的規定，大大地減少人力物力的浪費。更重要的是總統不能連任，因而泛政治的紛爭及顧慮、對政策施行的影響力，無形中相對減輕至最低程度。

基於新憲法的優勢，藍慕斯總統一上任即以馬來西亞共和國，近十年來發展經濟的策略為借鏡，馬不停蹄風塵樸樸禮訪列國，邀請外國投資振興經濟；在國內又積極落實國有事業私有化、解除金融管制、削減關稅等經濟自由化的措施，三年來經濟指標顯著上昇，卓有成效。

去年少壯派叛軍領袖「洪納山」中選參議員，回歸憲法，今夏「摩洛民族解放陣線」與政府簽立和約、結束廿四年的血腥對抗。目前只剩下一股共黨武裝力量，雖然不會成為氣候、唯不時製造紛亂、支持工運、鼓動學運、暗殺破壞等不法行為，嚴重影響商人投資意願。祈望這股「馬克思」主義者，能在政府容忍寬赦政策下，大家以國家為重早日和解，共同為國家脫貧而貢獻，讓菲律賓能更有尊嚴地站立起來。

一九九六年八月廿日

附錄：「行萬里路」初版「歐洲篇」『……瑞士雖國小人稀，但也常備一支有嚇阻力量的精銳部隊。瑞士青年屆廿歲就要強制入伍四個月接受軍事訓練。（有津貼可拿）爾後每年必須再服役三星期，（有薪水可拿）接受「更新」訓練(UP-DATE)。直至退休年齡為止。瑞士工商業，政府機構規定給予其顧員有薪假期七週。奇特的：每年受訓完畢瑞士人規定帶回他在軍中所用的武器及裝備，如衝鋒槍、手提機關槍等。雖然政府也規定用封條將子彈包封，畢竟仍然是不可思議：犯罪率總是歐洲最低者之一……』十二月一九九五年

作者夫婦與徐太太麗鴻合影於瑞士"OLYPIQUE LAUSANNE"入門處。

日內瓦湖風景如畫，作者夫婦偕徐元楨王麗鴻夫婦合影

作者夫婦影於瑞士「日內瓦湖」湖畔

鬥牛

(CORRIDA DE TOROS)

動物都有好鬥的天性，人類亦然。從可以追溯的年代說起；人類爭異性、爭權、爭利、爭地盤……。地球上的戮殺從不間斷，更甚者還利用動物、昆蟲愚蠢好勇的特性，讓牠們自相廝鬥，作為娛樂觀賞。如鬥蟋蟀、鬥螳螂、鬥雞、鬥狗、鬥象、鬥駱駝、鬥馬、鬥水牛等。人類總是喜歡看到動物頭破肢斷、鮮血濺流滿地才歡心才過癮。這是人類的悲哀！自己不自愛、互相殘殺不輟，還要把一己片刻的快樂建立在動物滿是鮮血的屍體上。

這次歐遊重點是「西班牙」。一般遊客都有觀賞一場「西班牙」國粹「鬥牛」之想；但是鬥牛場是露天的、場地是黃沙；備受季節所限制，時間又通常偈於星期日午後，入場券更是高不可攀，一般比較好的座位，（陽光下的水泥凳）就要四十幾美元一張，因此旅遊團都不把觀賞「鬥牛」包括在旅程中是可以理解的。

這一回由於內子及徐君夫婦都未曾觀賞過「鬥牛」，故特別囑香港旅行社提前安排定購。

旅行社以要買「黃牛票」（黑市）為由，加倍計算。入場券每張竟達九十美元，令人啼笑皆非。

人與獸鬥始作俑者，應該以羅馬暴君「尼羅王」為代表。（NERO CLAUDIUS 公元三七～六八年）時值羅馬盛世，勢力涵蓋大半歐洲大陸、入侵中東不可一世。羅馬帝國尚武競技，一時蔚為風氣。「尼羅王」少年登基，（公元五四～六八年）不但窮奢極侈且暴戾無常，不以後宮歌舞嬪妃爭妍，武士競技比賽為足。遂有以囚犯互作生死鬥，或與猛獸搏鬥、直至對方血染黃沙倒地。勝利者則可恢復自由身。當時羅馬帝國各都市均建有競技場作樂。今日意大利首都「羅馬市」的圓型競技場遺蹟是較為完整的一個。記得「李小龍」電影「猛龍過江」一片，曾在此競技場樓上一角落，拍攝一段生死鬥，令人印象深刻。

西班牙承襲古羅馬遺風，加以當地牧草充沛，畜牧業興盛，黑種牛慓悍好鬥，一對銳利前向的雙角令人生畏。相因相成遂自形成一種獨特的國粹。鬥牛場美侖美奐，雄偉典雅風格獨具。五十年代「好來塢」一部電影「碧血黃沙」，描述鬥牛勇士戀愛故事，英雄美人生死之戀，感人肺腑風動一時。

鬥牛士在「西班牙」是少女心目中的英雄偶像。身段修長穿著傳統彩色鮮艷、繡工精緻貼身服裝，挽起鮮紅緞巾，手握利劍逗鬥蠻牛。一投手、一轉身閃過一雙銳利的牛角，即時

「HURRAY」叫好之聲不絕。不知風靡多少淑女貴婦。

這一次吾人在「西班牙」首都「馬德里」(MADRID)所觀賞的鬥牛節目共有三位鬥牛士，每位各殺兩頭蠻牛。開場時首先由樂隊奏進行曲，稍後正統號角手吹出傳統開幕訊號；瞬時有六位身段優美，服飾鮮艷的「輔助」鬥牛士(EL BANDERILLERO)，率領六騎持長戟的武士，及後則為十數位「幫手」，浩浩蕩蕩依音樂節奏順序入場。艷陽、黃沙加上彩色繽紛的服飾，倒是有番看頭。

號角再吹時，但見閘門那邊闖出了一頭蠻牛，毛短黝黑光亮，昂首怒目朝向幾位挑逗牠的「幫手」直衝過去，這些「幫手」立即火速逃入場邊的「避難所」（保護欄）；另一位「幫手」則再挑逗牠，讓牠轉頭衝過去，這位幫手又逃入「保護欄」。如此一而再地激怒蠻牛，令牠氣喘不繼。圓場那一邊兩位騎馬持長戟武士進場，人及馬均包有安全披甲，排好位置任憑蠻牛衝撞，時有連人帶馬被牛用利角雙雙挑起。可見蠻牛力氣驚人，唯騎士人馬都有硬甲護；同時騎士則以長戟刺入蠻牛脊背神經中樞，令其出血如注消耗其體力。騎士任務完成，旋由四位「輔助鬥牛士」雙手各持反勾彩帶繽紛的短戟，伺機插在肩背上。這種反勾戟一插入牛肩內，任憑蠢牛摔擺都很難掉落，且由於勾在肩脊最敏感的部位；一跑動就引起劇痛。這措施自來就有，旨在讓鬥牛士被蠻牛追逐間，蠻牛痛楚難支稍停時，鬥牛士得以逃命。至此「正牌鬥牛士」(EL MATADOR)進場，一時號角齊鳴，鬥牛士身段優美，蓮步花招經數回合表演式逗弄蠻牛。可憐蠢牛早已給長戟重傷，數枝反勾戟掛在肩上任擺不掉痛楚萬分，不但衝刺乏力且神志不清，但是鬥牛士竟然還沒有辦法把利劍刺入要害。故觀眾頻頻大喊倒采：『牛快要死了，要等牠倒地才殺牠嗎！』倒采之聲此起彼落。最後牛真的四足一軟坐在場角一隅，才任憑幾位「輔助」鬥牛士圍攏，讓主角一劍點在「印堂穴」，結束了這場人獸太不公平的比鬥。觀眾找不到刺激，倒采之聲不絕是可以理解的。

續下表演的四條牛也差不多一樣單調乏味。時值炎陽高照汗流浹背，吾人決定不再等待那第六條牛上場，提早離場掃興而歸。真是：

『盧山煙雨浙江潮　未見千般恨不消
及至到來無一事　盧山煙雨浙江潮』

其實「鬥牛」並非一無是處，不然豈能成為「國粹」流傳數百年而不衰。一九五二年「西班牙鬥牛團」曾來菲表演數場精彩的鬥牛及馬術。時菲國經濟繁榮富甲亞洲，特地在皇城邊「八連埔」用木材建一標準臨時鬥牛場，筆者時尚年青好奇。曾以一個月的薪水去看這場鬥牛。

記得當年在馬里拉演出的開場儀式跟今日所見大同小異，但是多加一場「阿根廷」騎馬術表演，令人耳目一新印象深刻。至於「鬥牛」絕技更是精彩。主要是牛沒受長戟嚴重的傷害，雖肩上仍有數枝反勾彩戟，尚能勇猛追逐敵人。鬥牛士則一一解破牠的衝刺，姿態之美贏得滿場采聲。最難能可貴的絕技是虛出一招閃避蠻牛在近距離擦身而過時，電光火石之間用劍準確地刺入脅胛之間，直穿心臟。猛牛即時口鼻噴出血霧應聲倒地。全場觀眾站立歡呼叫好之聲歷久不絕。鬥牛士神氣十足頻頻向觀眾致禮答謝。割下牛尾盛於銀盤呈獻當場的主賓。

可能由於經常有鬥牛士血染黃沙傷亡時有所聞，故才有種種安全措施。把牛弄到半死。鬥牛士又技術大不如前，一點刺激都沒有、今後還有幾人喜歡看鬥牛？難怪當天吾人觀看那一場，觀眾還不到三分之一，總有一天「鬥牛」將為時間所湮沒。

一九九八年八月卅日
二〇〇〇年十二月二日

西班牙仍保留皇室作爲象徵元首。筆者影於皇宮前

西班牙各大城市都設有鬥牛場。筆者影於「描薩倫那」市鬥牛場

作者影於「馬德里」鬥牛場入門處。

是日鬥牛場觀眾並不多

從柏林到波昂

溯自一九六〇年代，就很想去看看蘇聯、東歐及「東德」，這些實施共產主義制度國家，俾了解它的優越性及其反面的效應。無奈當年鐵幕重重難得其門而入；雖然兩度赴德國參觀工業展覽，也只能到「法蘭克佛」(FRUNK FURT)、「漢堡」(HAMBURG)及「勞西樂佛」(LUSSELDORE)等「西德」工業城市，而「東德」及「柏林」(BERLIN)還是緣慳一面，就使當年西「柏林」是由：英、美、法、三盟國共同分區管轄，唯仍然遠處於「東德」境內，離西德境界尚有一百七十七公里，一般旅客進出均受嚴格管制，入境手續麻煩而未果。

一九八九年十一月九日東柏林的居民勇敢地站立起來了！向分裂主義者挑戰，自動自發，一呼百應參加了拆牆行列，一夜之間把臭名昭彰的圍牆拆毀。東西德人民相擁歡呼，熱淚盈眶，從此由蘇俄所主導的東德共產主義政權，在東德廣大人民嚮往自由的熱潮下垮台。終於東西德分裂四十五年後統一了！這是德國人值得自豪的成就，比起一些落後國家在統一的過程中，犧牲人命數以萬計、財物的損失更是難以估計，德國人聰明多了。

今年八月六日搭乘「荷航」(KLM)由「阿姆斯特丹」(AMSTERDAM)國際機場飛往「柏林」，展開我的十天「柏林」(BERLIN)、波昂(BONN)行。在歐洲航空網路線上，通常是以「阿姆斯特丹」、「法蘭克佛」、「羅馬」等機場為轉機中心，前往「柏林」的國際班機絕無僅有，這番歐遊三度經過「法蘭克佛」，並兩度由機場地下火車站往返「波昂」、「法蘭克佛」國際機場之間，因此有較長的時間多看她幾眼，「法蘭克佛」國際機場位於德國的西南部，與漢堡(HAMBURG)、柏林成為鼎足而三之位勢，西鄰西德首都「波昂」(BONN)及工業城「LUSSELDORE」。為歐洲之中心，佔有地理上之優越條件。機場宏大、設備新穎、樓高四層，地下層則為火車站貫通歐陸，全部電腦管理，加以德國人的守時觀念，重紀律的精神，把這龐大的機場管理得一絲不紊；據說仍有失落行李或誤時等不如意事件發生，畢竟那是極微少的比率而已。但是筆者還是奉勸那些沒有參加旅行團的旅客，最好特別於行前詳查航機行程，看看轉換航機之間是否有充份時間，不然偌大的機場一時找不到正確的出入口、登機閘門、領取行李的地點或其他意想不到的意外事項，延誤了整個旅程，真是乘興而去敗興而歸。

今天我也不例外，一早由市區旅舍驅車抵達「阿姆斯特丹」國際機場，離起飛時間尚有一句多鐘，也好利用這一段時間，瀏覽這個國際知名的機場一番，「阿姆斯特丹」機場候機室是近乎開放式的格局，除了有一般機場候機室的座椅外，尚備有沙發座位，椅棹作為閱報，吃點心之用，點心攤則備有咖啡、飲料、餅乾、三文治、水果等，作為旅客候機時排閒遣餞之享用，設想至為周到。忖諒這是「荷航」所提供的。

在候機室這段時間，恰巧有一群中國大陸人同時亦在同一候機室，本來「千里他鄉遇國人」，很想跟他們搭訕聊聊，惟不旋踵這十幾位年紀卅左右的同胞已開始把棹椅搬移，圍成一小天地；有的半臥於沙發椅，有的躺在椅子上，大做周公之夢，或猛抽著香菸，雖然那裡並非禁煙區，然而十數枝香菸的煙霧仍然讓人噁心；餘者三位則另闢一隅，在那裡耍牌賭起錢來，像這樣的同胞吾人實在羞於與他們為伍。及至上機又發生了四位衣冠楚楚入時，且是「商務艙」座位的大陸同胞，他們可能是中國經濟自由化的新貴，還是政府涉外官員，一上機位即高聲交談目無旁人，直至被同艙的白種人喝么才靜止下來，真是丟盡中國人的臉。記住：沒有一流的國民就沒有一流的國家！

記得香港人以前曾一度稱呼大陸來客為「表叔」。「表叔」含有蔑視的味道，希望第二代的「表叔」不要出現在國外才是。

「德意志共和國」(REPUBLIC OF GERMANY)位於中歐，與荷蘭、比利時、盧森堡、法國、瑞士、奧地利、捷克及波蘭為鄰。是歐洲之一大國，面積：三十五萬七千〇五十九平方公里，人口約八千二百萬，歷史悠久，具有「日耳曼」民族優秀文化，歐洲工業革命後成為世界主要工業國家之一。

一九二五年「興登堡」(HINDEN BURG)當選為共和國總統，「納粹」黨(NAZIS)崛起。一九三三年希特勒(HITLER)上台。一九三四年八月即集總統、總理於一身，年杪旋又撕毀中歐列強「凡爾賽示和約」(TREATY OF VERSAILLES)，迫害猶太人，窮兵黷武厲行軍國主義；於一九三八年併吞「奧地利」，一九三九年進攻「波蘭」「捷克」，一九四〇年四月又進佔「丹麥」、「挪威」，同年五月杪再犯「荷蘭」、「比利時」及「法國」；復於一九四一年六月進攻「蘇聯」，時歐洲半壁河山全陷魔掌。「希特勒」躊躇滿志，迨一九四一年十二月南聯意大利、東交日本帝國，結為軸心國，企圖瓜分世界。時日帝偷襲珍珠港遂啟發了世界大戰。

一九四三年，中、英、美、法、蘇五國聯盟，開始反攻。時英、美聯軍已攻入「意大利」；「蘇聯」也開始反攻。一九四四年西方聯盟軍進抵「萊茵河」(RHINE)蘇軍亦步步進迫攻入德境，英美聯軍則渡過「萊茵河」揮軍指向「柏林」。一九四五年四月卅日蘇軍千炮齊鳴直迫「柏林」，兵臨城下「希特勒」眼見大勢已去，仍召其情婦進入元首地下指揮部，草草舉行婚禮，雙雙閉門自盡以謝國人。一代梟魔從此成為句點。

德軍無條件投降後，聯軍迅速瓜分德國，由英、美、法分區共管西德；蘇軍則獨霸東德。蘇聯有地利之便捷足先登，除佔領了德國三分之一富庶地區，且包括首都「柏林」。幾經協調，蘇聯始同意首都「柏林」西部由英、美、法三盟國分區共管轄。（柏林仍處於蘇軍佔領區）因此東德地區的軍事物資，頂尖科學家及原子、核子、火箭等尖端技術，均為蘇聯所掠奪；奠定了戰後蘇聯在火箭，太空航天技術領先英、美。迄 一九五七年十月四日蘇聯率先發射了世界第一顆人造衛星(SPUTNIK I)驚醒了美國世界稱雄的美夢，順此一提。

爾後德國分為東西兩國，西部是由英、美、法所扶植的「德意志聯邦共和國」；東部則為蘇聯之傀儡政府「德意志民主共和國」。東德首都仍為「柏林」，而西德則設首都於「波昂」(BONN)。於此生存在兩種相對的意識形態夾縫的德國人，走上了噩運，不但科技人員為各盟國所徵調，重要物資文物也被盟軍所查封，作為戰爭賠償之用，據一位跨國公司的德國抱怨地向筆者訴說：「……直至今日我們還在支付「以色列」的戰爭賠償……」。若然日本人太幸運了，中國若不「以德報怨」，一筆勾消，放棄中國八年浴血抗戰慘重損失的賠償，則日本豈能有今日雄視世界的實力，祈望日本人能記取歷史恩德，早日雙手交還「釣魚台」，庶免挑起吾人慘痛的新仇舊恨！

「柏林」自一八七一年已是「德意志帝國」首都，曾經是光芒四射的大都會。今日抵達

「柏林」，首先令我感覺到的是：「人稀城大」，與一般亞洲新興地區成為強烈的對照；目前「柏林」仍然不是國際觀光旅遊點，可能是客觀條件尚未克服，因此姑無論是遊覽車、或新建的觀光飯店，這些旅遊業基本設備，都是寥寥可數。及至過了圍牆的東部，更是廢墟處處觸目可見。中央集權計劃經濟證明了無力重建「柏林」。

據歷史記載一九四〇年杪至一九四五年四月，英、美空軍報復性的轟炸，「柏林」挨了十五萬頓的炸彈，而蘇軍於一九四五年五月一日攻入「柏林」之前十天，也送給「柏林」四萬頓的炮彈，其破壞之慘烈不言可喻，這是侵略者應得的下場。

更甚者：是「柏林」地處於東德境內，成為東西兩霸的馬前卒、蘇聯處處打壓，欲迫使西方盟國放棄西「柏林」，乃於一九四八年六月廿四日，切斷西「柏林」對外的一切公路、鐵路、水路交通。英、美盟軍遂組龐大的空運隊，開始向西「柏林」空運必需品，同時運出西「柏林」的工業產品。時雙方劍拔弩張，各陳重兵大戰一觸即發。封鎖達十一個月之久，直至一九四九年五月四日蘇軍眼看英、美態度強硬，始同意解除封鎖。在此期間盟軍每日空運燃油、糧食、供應品達五千噸之巨，平均運輸機每九十秒鐘一架次；其空運之規模可謂空前絕後，這不幸的事件也對「柏林」造成莫大的衝擊。

一九六一年東德共黨政權鑒於人民深受西「柏林」自由經濟制度之影響，逐漸傾向西方，遂於是年八月十二日通過法案，大事修築二米高圍牆，頂上裝上刺線網，並沿線搭有樓塔由軍警看守，以阻居民向西方叛逃。自一九六一年至一九八九年十一月九日這段漫長的廿八年，東德居民投奔自由可歌可泣的事件罄竹難書。

圍牆拆除了七年後的今天，「柏林」尚在大興土木，採用最新科技，整座有歷史性的大廈均徹底重修，且配以現代化的設備，設若要拓寬馬路，整座大廈則由電腦指揮搬往新址，看了搬遷的錄影帶，真是嘆為觀止。地下有地鐵、排水、供水、通訊等多功能系統均全面顧及；私人開發公司配合政府的重建計劃，推出一個個的新社區，正在趕工預售中。筆者參觀了幾個預售促銷的模型，規劃中有住宅區、商業區、辦公大樓、休閒公園設施，樣樣俱全，那是廿一世紀的城市，「柏林」這隻浴火鳳凰不久將展翼起飛矣！

德國統一後旋即由議會表決是否仍以「波昂」為首都或重再定都「柏林」，結果以少數票差決定「柏林」為首都，並訂於一九九四年將中央政府從「波昂」移至「柏林」，唯七年很快的逝去，尚未能遷都「柏林」，重建「柏林」千頭萬緒真是令德國人始料所不及。一位工地的工程師回答筆者：「他們說一九九四年遷都，今天一九九六年已過半，幾時能遷都只有天曉得！」

由「柏林」到「波昂」並沒有班機，更奇怪的那裡也沒有國際機場，（有如澳洲的首都坎培拉（CANBERRA）我們得飛往「法蘭克佛」轉搭火車前往。「波昂」火車站已有一百餘年歷史，保存得尚稱完整，古樸雄偉。「波昂」是座古文化城，人口只有卅一萬人，但「波昂大學」卻有參萬陸仟學生，大部份是外地來的寄宿生。

繞著古城蜿蜒千里的萊茵河(RHINE)孕育了「波昂」特殊人文文化環境，樂聖「貝多芬」(BEETHOVEN)的故居就在這裡。十八世紀人才輩出。今日這首都亦不是國際觀光點，遊客絕無僅有；由於不諳德文搜集資料困難，仍決定前往鄰市「科倫」，據說大部份中央政府機關及外國使節，均以此為中心，同時該市亦有定期國內班機、機場。

在毛毛細雨中我和內子，叫部計程車來到中華人民共和國大使館，冀望能知道些關於德國統一的歷程、華裔、華僑有多少，是否有華報、僑團等……。俾向讀者作第一手的報告。中國大使館位於市郊兩條幽靜街段的使館區；這些房子可能是戰前大富人家的花園洋樓，體式大同小異；忖諒一般大使館、外交官均為「金主」，租金是國家付的，業主樂得高價出租，遂成為「大使館區」。每棟佔地約八百平方公尺，樓分兩層，入口處均無設警衛，可見治安之良好。走過小花園，上了陽台在左邊的詢問處，說明來意：「是否可以拜訪新聞、文化或經濟參事。」答案是既單調又權威：「沒有預約不能接見」經筆者再三告明這是特殊情形，沒有可能預約要求通報一下，那位詢問處小姐，約五十餘歲、不假思索即稱：他們都在開會。

筆者無可奈何之下想看看她的芳名編號，遺憾的大使館的人員襟上均沒有身分牌(ID)。既得不到要領，想想不遠千里而來，入寶山而空手回心有不甘，仍半問半瞎闖，終於在隔鄰另座洋樓得到一位端莊客氣的主管接見，我很禮貌的遞給她一張名片說明來意，她也無意表明身份，只是站在一邊，似不願多談的樣子。最後在筆者纏著不走的情形下，她只好叫我去領事事務部找藩文斌先生，在藩先生的小客廳已有四位青年男女在座，其中一位少女由於沒有身份證，苦苦要求領務處給予證明她是中國國民身份，俾她可以申辦出境到其他國家去定居，她在德國並無居留權。據事後了解這位少女是「六四」天安門事件，被西方國家安排逃亡的愛國青年，是目前數以百計流落國外的愛國青年。他們愛國有餘，智慧不足。被西方反華勢力所利用，落得一生錦繡前程盡棄！在藩先生客廳看完這場無結果的悲劇。筆者自我介紹並言明來意，欲查諸如德國有多少華人、華僑。是否有華文報，華人學校等……。滿懷期望藩先生會給我一個「千里他鄉遇國人」溫馨的接待，可惜在一問三不知的情況下，只得黯然結束了我「柏林」、「波昂十日行」。此行給我最大的啟示是：德國國會於一九九〇年表決通過還都「柏林」。假如德國不是代議制政府，而是美式民主制度，那麼一人一票的公決。由於西德較為富裕且人口較多，肯定公決的結果，定都會在西德的「波昂」。那麼德國將難在廿一世紀來臨時重現昔日光輝！是肯定的。

寄語開發中的國家，在選民素質尚無獨立思考水準時一切要小心美式民主的陷阱！

一九九六年
聖誕節

內子秀蘭影於波昂「貝多芬」樂聖故居

萊因河畔風景秀麗

作者影於波昂古老的火車站前

筆者站立在柏林圍牆前

作者站立於柏林市中心，背景爲「凱旋門」。

「波茨坦宣言」五十二周年有感

時間過得真快，轉瞬間第二次世界大戰已成歷史陳跡；老的一代歷史見證人，有的早已辭世，尚健在的，為了生活，為兒孫奔波把這一段慘痛的歷史也淡忘了。時間洗滌了中國人的創傷、滌洗了一切的一切！

一九四五年初春，發動侵略戰爭的元兇「希特勒」HITLER已到了窮途末路，盟軍節節勝利直搗「柏林」、「希特勒」知大勢已去，遂於四月卅日與其情婦雙雙在柏林元首地下指揮部，自殺以謝國人。（參閱拙作「從柏林到波昂」一文）

五月七日德國投降後，歐洲方面以美國、英國、蘇聯三盟國元首：「杜魯門」、「邱吉爾」、「史達林」，於一九四五年七月十七日至八月二日，假柏林郊外千年古城「波茨坦」(POTSDAM)舉行會議，討論戰敗後的德國管理問題，分配戰爭賠償及歐洲被德國侵佔的鄰國國土，資產的處理問題。仍至分區佔領管轄德國等問題。會間各爭己利，尤其美蘇兩國對有關佔領區權益之爭，更為尖銳化。會議歷半個多月；這個會議就是近代史上最有名的「波茨坦」三巨頭會議。

波茨坦古城位於德國東部，地處「柏林」郊外，風景優美，建於公元九九三年，是「普魯士」王朝(PRUSSIA 1525-1933)全盛年代的軍事文化中心。人物薈萃工商業發達。雖經戰火洗禮，今日已恢復舊貌，目前有人口十五萬人，城堡、教堂深具「普魯士」PRUSSIA文化特色，多彩多姿令人心馳神迷。「菲特烈大帝」朝代（一七四〇～一七八六）在此地興建「桑蘇希」宮(SANSSOUCI)作為夏宮，宮殿以中國金黃彩色配以法國風格，給訪客有清新別緻之感。可惜歷時半世紀，長期處於東德「圍牆」之後，直至今天世人還是對她那麼陌生。

在三巨頭「波茨坦」會議期間，美國鑒於蘇聯遲遲不向日本宣戰，殊為不滿。時美國秘密試爆「原子彈」成功，且具有長程「同溫層高空轟炸機」；「B廿九型」，可以高來高去安全攜帶「原子彈」侵入日本本土執行轟炸任務，雖仍保持高度秘密，惟已胸有成竹，遂於是年七月廿六日與英國首相「邱吉爾」草擬「波茨坦宣言」(POTSDAM DECLARATION)，並以美國總統「杜魯門」、中華民國軍事委員會委員長蔣介石及英國首相邱吉爾聯署，促日帝早日無條件投降庶免遭受全國徹底的毀滅。「波茨坦」宣言洋洋十數條，中國蔣委員長介石雖也署名，惟事實上只是「背書」而已，他不但沒出席「波茨坦」會議，同時中國八年浴血抗日戰爭中，大部份軍火都得依靠美英供應，抑人鼻息當然無置喙之餘地。

五十二年後的今日，讀起這段歷史感觸良多。一九四五年七月廿六日波茨坦宣言公佈後，日本卻毫無投降之意。美國層峰則在使用原子彈一事有了分岐的意見；反對者認為日本已屆強弩之末，投降只是時間問題，不需要用這種屠殺萬千無辜生靈的武器，來迫使日帝放下武器，在歷史上留下不光彩的一頁……。贊成立刻使用原子彈者，則以「硫磺島」戰役，日軍據守只有廿平方公里小島，與島共存亡英勇自殺式的抵抗，致使美軍死傷慘重的教訓。警告「杜魯門」總統若不立即使用「原子彈」迫使日寇投降，今後應對美國萬千子弟兵在攻佔日本本土的犧牲負全責任。終於杜魯門總統下了決定：先後於一九四五年八月六日在「廣島」、八月九日再在「長崎」各投下一顆「原子彈」。日本天皇終於在軍方極力反對聲中，為拯救日本免於徹底的毀滅，遂於八月十五日下昭接受「波茨坦」宣言，無條件投降結束第二次世界大戰。

蘇聯則於兩顆原子彈投下日本後，立即向日本宣戰，大軍直入我東北三省，解除了日本關東軍武裝，大肆掠刮物資文物運往蘇聯，更甚者，竟連我清朝廢帝「溥儀」擄去「莫斯科」。冀再建立偽滿傀儡政府之圖隱約可見；撤退前又將大量日軍武器轉交「中共」。綜觀蘇聯參戰三日所獲得的實質利益，可以說遠遠超過它的軍費數百倍，又佔奪了日本北方四小島。

中共在八年抗日戰爭中逐漸坐大，蘇聯入侵東北更使中共如虎添翼。蔣介石在軍事、政治方面深受制肘，手腳忙亂竟一時糊里糊塗「以德報怨」放棄向日帝索取八年抗戰血債的賠償。另一方面中共建國後毛澤東亦由於要爭取國際承認，走出外交困境。在與日本建交時不但也承諾放棄戰爭賠償，且將吾人主有的「釣魚台列嶼」以「擱置爭議」一筆帶過。國、共兩黨其所以會這樣地討好日本；主要原因就是兄弟鬩牆，受人要挾敲詐徒呼奈何。時至今日兩岸仍然還要彎下腰段，低調處理收復領土的訴求。

今天是日本接受「波茨坦宣言」五十二周年（一九四五年七月廿六日）回顧宣言第八條：『根據開羅會議（一九四三年十一月）所發表的宣言；日本主權只侷限於：九州、四國、本洲及北海道四島。其他大小島嶼應由吾人確認。』換言之，那些用霸權武力所掠奪的領土，均不得竊為己有。因此中國之東北、台、澎應歸還，朝鮮獨立。其他如被蘇聯所佔據的日本北方四小島，由韓國所佔有的「獨島」等日本人都不能染指，至於琉球群島早於明、清朝代就是我國藩屬，照理應該獨立自治才對。釣魚台列嶼則自古以來就隸屬於台灣省為不爭之事實，豈容狡辯。但是兩岸於今仍然你霸道打壓、我出走別苗頭、統一之路遙不可及，日本早就不把中國人放在眼裡，「釣魚台」不還就不還！真是令人感慨萬千。

在「波茨坦」古城遨遊了一整天，在回程車上飽覽沿途秀麗風光，山丘起伏一片翠綠，偶而田間阡陌一望無際，小河點綴其間，真是一幅「江山如此多嬌」……我在冥思幻想中走進「時間的頻道」。身歷如下：

公元二千年，後「李登輝」時代開始，經過執政黨十二年來有意無意的提攜，「民進黨」終於取代國民黨而執政。由於國民黨當年數度「量身裁製午夜修憲」；致造成了政治亂象；法制不健全，導致公權力不彰、經濟萎靡。另一方面又大量採購尖端武器，（美、法製造將除役者）以防彼岸武攻。外匯存底因而成為負數。

彼岸中共收復港、澳後，外匯存底躍居全球第一，超過三仟億美元，躊躇滿志亦爭相購買高科技國防電子配件，分別裝於國產飛機，戰艦等武器及指導中心的電腦軟體設備。且一貫地在文宣上大肆宣揚，造成中國富強的假像。

公元二〇一〇年大陸沿海一帶歌舞昇平，富起來的商人、幹部、大小官員大家一齊向錢看，昔日「老三篇」為人民服務的精神一去不復返，奢侈貪污之風日盛，中央政府雖欲挽狂瀾於既倒、無奈「上面有政策、下面有對策」。整個政府終於日趨腐化。

時台灣百業蕭條、精英出走，民怨沸騰，第四黨崛起；以台灣獨立自救為號召，初試啼聲，竟連續在縣市選舉囊括百分之六十的席位。

在大陸方面，日本、台灣、美國等外資佔據了各行各業極為重要的地位，大陸對這些外資依存度日高，且已滲入提供中共國防配備，尤以電子、電腦程式等重要精密的部件。而中共竟不自覺。

公元二〇一二年台灣總統大選，「獨立黨」推出的總統候選人「李志仁」以壓倒勢的票數登上總統寶座。

彼岸中共再三警告：台灣若宣佈獨立將不惜一戰血洗台灣。時日本先後在「九洲」「鹿兒島」發射了二座有人經常駐守的太空站，並低調宣稱是教育部科學文化太空中心所發射，作為科學教育研究之用途……。

公元二〇一四年（歲次甲午年）四月十五日十時零五分，台灣總統「李志仁」控制了「國民代表大會」及「立法院」，遂即宣佈建立「支那獨立共和國」。

中共為鞏固統治地位，扭轉老百姓對官商勾結圖利，漁肉小民的不滿。黨主席兼國家主席「陳尤紅」於是日上午十時十一分下令出兵解放台灣。事出突然，美國第七艦隊官兵正在珍珠港補給渡假。第六艦隊則在中東巡弋，未能及時趕至台灣海峽。此役中共以兩艘核能動力航空母艦帶領各類艦艇千艘，兵分南北兩路直撲台灣海峽中線。六百快速登陸艇則飛速直朝台灣西部全面推進；南京軍區第二砲兵師最尖端的中程導彈部隊，流動發射台已完成電腦程式數據，瞄準著台灣防務指揮中心及機場等軍事據點。

台灣方面甫服役不久的三代戰機，「幻象」及「F廿二」輪番騰空應變。

四月十七日零時十分，中共飛彈準確地摧毀了台灣作戰指揮中心及電腦防衛系統，眼看中共十萬大軍即將渡過海峽中線。這次中共動員將近全國百分之五十軍力冀求於三日內強行登陸，造成既成的事實讓日本、美國毫無插手的機會。

唯在這危急之際，日本太空站發射了「超光波」針對中共所有的軍事電腦軟件進行干擾，癱瘓了中共作戰能力。事後日本、美國發出聯合公告：「……不容許中共動武影響亞洲安定……」中共則在全部作戰電腦程式被干擾，盲人瞎馬，不得不中止進攻台灣。「支那獨立共和國」於是誕生，成為日本附庸。「台灣」、「釣魚台」永遠在中國版圖分離。

在此悲慘的時刻，我驀然一驚而醒，此時遊覽車已抵達旅社大門口矣。原來這場「甲午台灣大變天」竟是南柯一夢，幸哉！

一九九七年七月廿六日

註：一九九七年七月廿六日，拙作「波茨坦宣言五十二周年有感」一文，在台北「世界論壇報」發表。事隔三年，文中夢境：『公元二仟年民進黨終於取代國民黨執政……』竟然言中。因此有友人這樣地問：那麼該文後一段夢景：「公元二〇一四年台灣宣佈獨立又如何？」我的答案是：「假如兩岸的領導人乃然保持九十年代的意識形態。這夢景可能成真」。（作答於二〇〇〇年六月十日）（附「波茨坦宣言」原文）

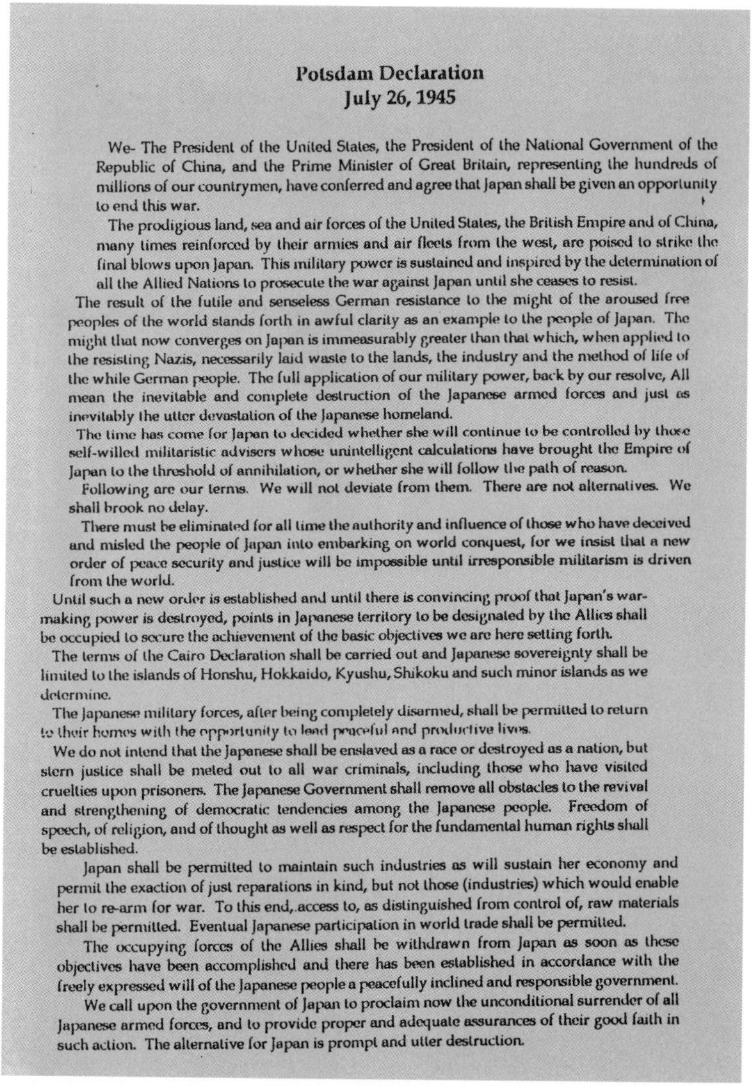

Potsdam Declaration
July 26, 1945

We- The President of the United States, the President of the National Government of the Republic of China, and the Prime Minister of Great Britain, representing the hundreds of millions of our countrymen, have conferred and agree that Japan shall be given an opportunity to end this war.

The prodigious land, sea and air forces of the United States, the British Empire and of China, many times reinforced by their armies and air fleets from the west, are poised to strike the final blows upon Japan. This military power is sustained and inspired by the determination of all the Allied Nations to prosecute the war against Japan until she ceases to resist.

The result of the futile and senseless German resistance to the might of the aroused free peoples of the world stands forth in awful clarity as an example to the people of Japan. The might that now converges on Japan is immeasurably greater than that which, when applied to the resisting Nazis, necessarily laid waste to the lands, the industry and the method of life of the white German people. The full application of our military power, back by our resolve, All mean the inevitable and complete destruction of the Japanese armed forces and just as inevitably the utter devastation of the Japanese homeland.

The time has come for Japan to decided whether she will continue to be controlled by those self-willed militaristic advisers whose unintelligent calculations have brought the Empire of Japan to the threshold of annihilation, or whether she will follow the path of reason.

Following are our terms. We will not deviate from them. There are not alternatives. We shall brook no delay.

There must be eliminated for all time the authority and influence of those who have deceived and misled the people of Japan into embarking on world conquest, for we insist that a new order of peace security and justice will be impossible until irresponsible militarism is driven from the world.

Until such a new order is established and until there is convincing proof that Japan's war-making power is destroyed, points in Japanese territory to be designated by the Allies shall be occupied to secure the achievement of the basic objectives we are here setting forth.

The terms of the Cairo Declaration shall be carried out and Japanese sovereignty shall be limited to the islands of Honshu, Hokkaido, Kyushu, Shikoku and such minor islands as we determine.

The Japanese military forces, after being completely disarmed, shall be permitted to return to their homes with the opportunity to lead peaceful and productive lives.

We do not intend that the Japanese shall be enslaved as a race or destroyed as a nation, but stern justice shall be meted out to all war criminals, including those who have visited cruelties upon prisoners. The Japanese Government shall remove all obstacles to the revival and strengthening of democratic tendencies among the Japanese people. Freedom of speech, of religion, and of thought as well as respect for the fundamental human rights shall be established.

Japan shall be permitted to maintain such industries as will sustain her economy and permit the exaction of just reparations in kind, but not those (industries) which would enable her to re-arm for war. To this end, access to, as distinguished from control of, raw materials shall be permitted. Eventual Japanese participation in world trade shall be permitted.

The occupying forces of the Allies shall be withdrawn from Japan as soon as these objectives have been accomplished and there has been established in accordance with the freely expressed will of the Japanese people a peacefully inclined and responsible government.

We call upon the government of Japan to proclaim now the unconditional surrender of all Japanese armed forces, and to provide proper and adequate assurances of their good faith in such action. The alternative for Japan is prompt and utter destruction.

五十二年前「波茨坦宣言」原文

筆者偕內子秀蘭在波茨坦（POTSDAM）
"SANSSOUCI" 宮前留影

隨遇喋喋

七十歎壽深圳遊

「人生七十古來稀」今日世界上卻有人口老化的現象。醫學昌明平均年齡越來越高。七老八大仍然健康如恆大有人在。另一方面來看，人過古稀心臟可能「搭橋」？行動是否自如？腦袋有無退化？則難保證。貴為美國總統的「雷根」也逃不了痴呆症的厄運。一般老人有些呆、痴是可以理解的！

幼年失怙沒有「有孝的老爸」來給我做生日，（此間「有孝」的父母自小就為兒女做生日）及長為生活奔波也忘了「生日」。子女成長兒孫成群，想要為老爸祝壽。我總是以「高堂在不輕言壽」一語帶過。今年苦逢七十大壽；為什麼「苦逢」呢？因為七十古來稀；不是走近人生終點，就是步入痴呆之門矣。

拗不過兒女們的好意，據說大兒子已訂好「香格里拉飯店」且已付了定金。最後只有「罷請」，讓他們去搞，我則一個客人都不請，因此只有近親至友寥寥數桌，勉強符合我不做壽的初衷。

大女兒深諳老爸的心意，邀請我去香港一遊，慶中秋、吃月餅、品美食、為我祝壽。我欣然答應，並建議加「深圳一日遊」。

內子秀蘭、大女兒婉薇、女婿吳尊權、孫女吳玉如、一行五人搭上「國泰」早機於九時許抵達「赤鱲角」新機場；世界今日最大、最現代化的機場。為提供更安全及日增的旅客，她建於一獨立的小島上，自策劃至啟用費時十三年，克服了諸多困難，是建築費最昂貴的機場之一。可以同時容納四十架班機上下旅客，行李輸送枱也有十四座之多。八十個候機室分為上下兩層，輪番使用俾增加客運的效率。其他超時代的設施不勝枚舉。唯與舊「啟德機場」相比，旅客要多費一倍的費用及時間才能抵達港島市區。

「深圳一日遊」是由旅行社安排參加旅行團。每位收費五十美元很公道。香港友人得知吾人將前往「深圳一日遊」。似有不解之表情，據說「深圳」並非觀光的好去處，她只是一個有三百萬人口的新興工商業城，工商味道濃厚很少觀光資源。言下大有獃子才會去「深圳一日遊」之概。

清晨七時吾人在旅社大廳由導遊小張帶上小型旅行車逕往九龍「紅磡火車站」搭乘往「羅

湖」列車。乘客雖多並不擁擠，不到四十分鐘已到中國羅湖關口，經辦理出境（香港）再申辦入境（中國）過關手續，中國方面的導遊即接吾人至一旅社，用完早餐導遊竟以車子沒有地方停，要繞一環，有些塞車要等廿分鐘，要我們在附近「行行」，廿分鐘後再在旅社門口相候。其實旅社週邊均有停車位，吃早餐廿分鐘再等卅分，車子到那裡去？只有天曉得。

觀光重點是「世界之窗」，人造景觀造型迫真、構想好、規模大；佔地四十八平方公頃。由於外孫女雖然年紀輕輕，惟世界主要觀光點她均去過，而祖國大陸名山古蹟未曾涉足。故向導遊要求更換鄰近另一人造景觀「綿繡中華」。俾給她看看中國文化，歷史古蹟。啟開她放眼世界的同時，也胸懷著祖國歷史文化。惟據了解入門票已購無法更換。

炎陽當空另得僱一部六位的電動車，費用貳佰元人民幣。走馬看花在外圍轉一轉，即往隔鄰「綿繡中華」參觀。另購入門票每位七十元人民幣。時已近午氣溫升至四十餘度，本來是應該慢步一一參觀近百處景點。基於炎陽難擋乃再租一電動車，待到特別景點再下車觀賞。如「圓明園」、「故宮」、「布達拉宮」、「蘇州園林」、「孔廟祭典」等。走不到一刻鐘大家竟在炎陽威力下，已懶得再下車觀賞。

綜觀深圳市這兩座人造微縮景觀，其規模與世界其他類似旅遊觀光點相比，可以說有過之而無不及。比起「荷蘭」深具歷史的微縮景觀園更是大得多了。規模大卻也有它的短處，因為這種「景觀」既不能植樹作蔭，也不能擅設走廊，因而炎陽下難久立，雨天無處避雨，幾人有耐心逸緻漫步全程觀賞。何況規模大，投資費用、保養、維修管理相對提高。是日參觀者寥寥可數，今後這兩座「人造景觀園」會不會走上「南京江東門」中國最大的「西遊記城」因無人觀光而於最近關門停業。據報中國目前有類似微縮景觀園：「西遊記宮」、「三國城」等七百餘處已在陸續關閉拆毀。這是一窩風的後遺症。

據悉中國最大室內綜合性旅遊城。「深圳未來時代」將於近期間在緊鄰「世界之窗」興建。以嶄新科技迎接旅客。筆者虔心祈望她的創立能整合「世界之窗」及「綿繡中華」這兩座美輪美奐、維妙維肖的人造微型景觀園。成為一系列的深圳觀光區。

午餐完畢吾人被帶到一手工藝品店參觀。在盛情招待下，迫於「情面」購了一罐比市價貴一倍的「鐵觀音」香茗，裝傻子俾早脫身。第二站是間略具規模的保健療養研究所，備受數位穿醫務制服的人員有禮的招待並在講解室說明推介；所謂電療、壯陽、補元氣、養顏、減胖等藥。實在令人莫名其妙，吾人「一日遊」、「深圳」有二千平方公里那麼大，要從香港過羅湖來這裡聽說教。真是豈有此理。最後為求脫身避免彼此尷尬，還是裝傻以四百廿元人民幣買瓶養顏保健「百花粉」，雖不知是否真貨?價格又比台灣產品貴了數倍多。作個呆子也好！

深圳開發為特別經濟區不到廿年，有三百萬人口，高樓大廈林立，工廠之多難以計算，交通火車、公路網四通八達。深圳特區以土地低廉、人口資源充沛吸引了：港商、外商、台商的巨額投資。香港回歸後，深、港的關係更加密切。

由於在工藝品店及研究所，提早花錢脫身，因而騰出了一小時的時間，導遊則以節目已畢而驅車送吾人至火車站，等待火車返回「九龍」。在火車站呆等了五十分鐘，大家心裡自問：我們來深圳看到了什麼？真是七十獸壽老戇一個。

深圳在港人眼中卻有莫大的魅力。土地、工資只有港島百分十至二十。工廠遷移至深圳立刻賺了大錢。受薪者在港打工把家眷遷往深圳，即有能力購置住宅單位。每週往返港、深仍然十分合算。青年人則於每週前往深圳渡週末狂歡，消費既便宜，歌樓酒榭南脂北粉，佳麗環肥燕瘦任君挑。遂有「深圳美女如雲、玉腿如林」之說。深圳、深圳、港人之最愛！

寄語旅遊當局今在「深圳一日遊」的節目應該讓遊客在旅遊車上環繞深圳主要市街：一一介紹深圳市各區。如行政、金融、購物、工廠、文娛、旅遊等區。午餐宜安排於購物中心地點，餐後讓遊客自由活動半小時。這樣才符合世界旅遊業的標準(ONE DAY CITY TOUR)「市區一日遊」。期早日重現香港觀光事業往昔的美譽，不然像這次「深圳一日遊」的團，只有我一家五人，動員兩位導遊陪伴，車子接送，旅行社不虧才怪。旅客也自會怨聲載道。

一九九八年中秋節

參觀深圳微縮人造景觀，作者伉儷影於
微縮景觀「布達拉宮」前。

作者伉儷與長女夫婦及外孫女合影於世界之窗

澳門落難記

應該是十年前的事吧！記得當年仲夏前往香港渡假，在「柏寧大酒店」巧逢朱國榮、葉素美夫婦。交談之餘竟有搭乘港、澳飛翼船去澳門玩一天之想。畢竟當年以菲律賓華人而言，飛翼船、澳門是較為新鮮的事。旋即聯絡酒店旅遊單位；據說乘飛翼船往澳門一日遊的旅行團每天都有，早上八時前往，下午六時返港。並承該旅遊單位負責人告知；持有中華民國護照或菲律賓護照者均免簽證，隨時可以參加，十分利便。

翌日我們一行四人，大清早興高彩熱地趕到「上環港澳飛翼船碼頭」集合。仲夏的朝陽灑得整個海灣水波粼粼生輝，猶如千萬顆鑽光閃爍著，海鷗三兩低翔而過，好一幅大自然的美景。頓覺心曠神怡興更濃。通過移民局簡單的手續，大家魚貫上船。

飛翼船是當年較快速的一種海上交通工具，利用船底兩邊加設各一條有如滑雪板的設備，在船加速至一定速度產生了浮力，把船托離水面減低海水阻力，故無形中速度倍增。風馳電掣有如乘坐水上飛機滑浪上昇的感覺，海浪被分割而開，水花有力不斷地衝擊著船舷玻璃窗，既刺激又好玩。不到一小時，船已抵達「澳門」矣。唯內子秀蘭當年尚未取到菲律賓護照，仍持有台灣所頒發的中華民國護照，因而發生了沒有簽證不能入境的憾事。（始知飯店旅遊單位的資訊有誤。）雖經旅行社人員據理力爭，澳門移民局的華人狗仔，還是一言不發，即令原船遣回香港。內子秀蘭尚稱勇敢，含忍著將掉下來的淚珠，強作微笑獨自返回香港。

吾等三人雖然參加了一日遊，繞著旅行團安排的行程走了澳門一圈，參觀賭場及澳門唯一「名勝古蹟」，倒坍的天主教廟堂。由於這突然發生不如意的糗事。遊興已失。何況老天竟也為我們鳴不平似的：一時竟下起毛毛細雨，整天烏雲蔭霾蔽天，為「葡萄牙帝國」百年來故步自封末落而悲哀！

事後旅行社解釋，葡帝為吸引台胞賭客，故對整團由台灣出發的台胞，提供免簽證的招徠，個別在香港參加團的台胞則需事前申辦入境簽證，同時退還一切費用並致深切的歉意。

事隔十年為了補償內子那次原船遣回不如意的委屈。去年年底往香港時特別再騰出一天，安排前往澳門一遊，這次吾倆均持菲律賓護照，事前再三查問清楚；不需簽證而且每天有十數班的飛翼船川行，殊為便利！為了時間易於掌握所以沒有參加旅遊團，而逕自搭船前往，猶如一般港人一樣。豈知抵達澳門移民局入境檢證處。又再發生問題，因為沒有返菲回程機票。手續不完整而被勒令至辦公室問話。那些移民局華人狗仔，狗眼看人低，還以為我倆是來搵食的外勞，竟問是否帶足美金？繼而詰問為何沒有返菲回程機票？吾人出示香港 MARRIOTT HOTEL 住客證件，並告其機票因轉換回程班次故交由酒店代勞。何況吾人由香港來的，持有回程的船票就足以保證；「設若潛逃逾期居留，被抓遣返，也不用花葡帝一毛錢的回程費用」。（這是一般落後封閉的國家，漠視今日全球化的主流。先立為主深恐在遣返違規旅客，機票、船票的費用無著落。）其實護照上清楚顯示抵港日期，沒有返菲的回程機票，身為菲律賓公民，低人一等。豈能入境香港？嗟夫！雖經筆者再三要求面見其葡籍上司，（澳門的行政官員跟香港英國政府政策不同，於今尚未本土化，葡人仍高高在上。）俾向其當面陳情，可是這華人狗仔，可能為飯碗，一向對其主子阿諛備至，不願煩及其主子；只顧辦理違法入境立刻遣返文件，費時將近廿分，後即派專人「押送」過海至香港移民局。及至中國香港特區移民局，則輕淡描寫；並沒有檢查什麼證件就順利再入境香港。可見澳門當局小題大作，無聊之至，港方已司空見慣矣。每日都有受害人！

筆者於一九六三年曾與菲國賽車名手「佬禮(DOGIE LAUREL)去澳門遊覽一次，及後又在一九六七年經澳門轉「拱北關」入大陸，兩度往返澳門，也逗留澳門各一天，澳門仍彈丸之地，港淺地窄又無觀光資源，筆者生性不喜賭，故對澳門並沒有好感。（參閱拙作闖大陸看文革一文）

夫一般落伍的國家，無視全球化的潮流，固步自封的井底蛙，總是先入為主，以寧枉毋縱的心態，對一般旅客（港客是金主例外）經常依舊以走私、偷渡客視之。以今日葡國經濟發展尚在起步，澳門大部份收入依靠遊客；跑狗、賭場、私梟、私娼，這些不體面的錢。因此澳門殖民主義當局，竟不知趁著「回歸」前這兩年中，多多利用這個帝國主碩果僅存的殖民地，多刮一筆外匯來充實其國庫。竟然與爭取遊客的政策背道而馳，愚蠢至極。

澳門(MACAU)位於廣東珠江口西側，為廣東珠海市轄區，又稱「媽港」。澳門半島，其中包括兩小島，面積只有十六平方公里。明朝嘉靖三十二年（一五五三年）為葡萄牙帝國殖民者強租之，作為走私及不平等貿易之基地。中英鴉片戰爭後，葡帝眼見清朝腐敗懦弱可欺，停付租金並於光緒十三年（一八八七）單方逕自稱為其殖民地，並擴展其版圖，（今日為二一・四五平方公里）邇後中國國勢日衰，繼而日寇侵華，國共內戰無暇顧及致數百年來予葡帝予求予取。目前人口約四十五萬，除跑狗、賭場為主要收入外，一般居民則以「電子」、玩具、成衣等為業，由於地小港淺工業無法成為氣候。

葡萄牙共和國(REPUBLIC OF PORTUGAL)位於歐洲西端與西班牙緊鄰，人口約一千五百萬人，一九一〇年革命黨推翻帝制王朝，建立共和國，然而政治久久無法納入正軌，迨一九二〇年「沙勒札」建立獨裁政權，國勢日趨萎弱。近年來痛定思痛力圖振作，經濟略有起色，尤以製鞋、釀酒、林木等業均有持續增長。

中國在香港回歸工作十年來憚精竭慮，終於平穩回收香港，至於澳門呢？中共自來就不太重視，也沒有「狗照跑、賭照博五十年不變」的承諾；理由很簡單，澳門在以前中國被孤立時代，於政治、諜報、金融等具有「轉接」的功能。反觀今日沿海已充分的開放，中國與世界各國均有友好的關係，澳門已無利用之價值矣！回歸後是不是再鼓勵港客，大陸客去賭錢俾維持澳門的繁榮？

筆者從經濟觀點有一個構思：回歸後把「澳門」兼併於香港特區，賭場遷往香港，既方便「港客」又符合香港旅遊條件。經濟實惠兼而有之。同時利用澳門偏處海角一隅，環境幽靜，氣候溫和，把她改建成為有中國特色的文化城，創辦大學、學術研究中心，讓萬千莘莘學子有個最高學府的特區，培訓一流科技學術人材。邁向廿一世紀，中國人的世紀！

澳門，澳門，在妳回歸時，我將再重來！

（I SHALL RETURN！麥克亞瑟將軍名言）

一九九八年二月一日

香港今日

一晃香港回歸就要半年了，年底聖誕節期間有了幾天的假期，特地偕內子秀蘭再往香港一遊。十二月廿一日搭乘國泰早機，於近午抵達香港啟德機場，第一個給我的感覺；是偌大的機場大廈入境檢證廳，本來總是旅客排長龍數十條，等待檢證過關，人氣烘烘。而今日只有這架飛機抵達，且旅客又不多，顯得有幾分冷落。

溯自今年七月初旬泰國發生了金融危機，國際投資基金組織興風作浪，針對東南亞洲一些經濟基礎較為脆弱的國家，發動賣空該等國家的貨幣，牟取暴利，一時風起雲湧肆虐東南亞國協諸國(ASEAN)。致令泰國、印尼、馬來西亞、菲律賓等國家的貨幣大幅度的貶值，影響所及連新加坡、台灣、南韓亦被波及，就使是工業基礎厚實、財經制度健全的日本亦叫苦連天。震波所及歐美則因產品滯銷而驚訝不已。似有世界大蕭條的歷史將重現的朕兆。

在這一現實環境下，香港要獨善其身是無可能的。雖然香港財經制度健全，外匯存底充沛，有能力捍衛港元與美元掛勾的匯率不變，面對東南亞貨幣貶值的衝擊屹立不動，殊屬難能可貴。唯周遭各國正處於大幅度貶值的旋渦中，國民豈有閒情逸緻再來這個「東方明珠」、「購物天堂」、玩遊、「瞎拼」(SHOPPING)呢？

據官方估計，自回歸後遊客減少三成之多，影響所及，股市重挫、房地產下瀉將近三成；首當其衝者，應該是旅遊業、珠寶金飾、餐館酒樓等及專做遊客生意的百貨業。

香港回歸「五十年不變」，筆者在拙作「回歸前夕訪東莞」一文中曾說過：「五十年不變，祇是抽象的口號，世界上的事物是永遠在變的，只是變好與變壞之差耳」。

香港回歸前幾年中共小心翼翼，深恐回歸後有任何變卦貽笑英國人；一方面傾全力設計「一國兩制，五十年不變」，無形中展延了香港土地使用權五十年，遂把港人的「心」留下來。邇後甚至為避免「解放軍」接防香港時出了洋相，讓港人傷心鄙視，曾費數年時間千挑百選培訓駐港部隊，用心之苦不言可喻。

記得一九四五年日帝接受「波茨坦宣言」交還台灣予中國，國軍前往接收台灣時，勝利之師的國軍，姑無論是軍容、素質、裝備等竟遠遠比不上日帝的降兵敗將，致令台灣同胞心理上殊不平衡，也孕育了「二二八事變」不幸流血慘劇的基因，順此一提。

綜觀今次香港股市崩盤、地產樓市重挫、百業倒風時有所聞，就是資力雄厚的日本百貨連鎖店亦宣告關門大吉。骨牌效應形成了嚴重的失業問題。然而造成今日不景氣的主因實與回歸無關。吾人可以看出它是整個地區發展規律中的一個環節。香港不幸也置身於此環節裡。有人說：「危機」，等於有危殆就有機會。吾人應在危機中，帶給吾人有機會的省思。

當年鄧小平與英國首相「鐵娘子」在北京敲定香港回歸，實施一國兩制，馬照跑、舞照跳。五十年不變之後，港九地產樓價逐日勁升，股市相應日日牛市，水高船浮、房租百貨應聲而起，一片繁華景色泡沫經濟，可以在通貨膨脹曾迫近兩位數看出端倪。影響所及香港生活程度高居難下，租金貴、費用重；「香港是購物天堂」(SHOPPER PARADISE)名存實亡。機場免稅店的百貨，價格通常較一般商店尤高。港九除了「國貨公司」，較知名的百貨公司、「惠康」、「屈臣氏」連鎖店等有標價的不二價公司行號外，甚多中小型不標價的商店，迫於租金貴求生存，竟以最卑鄙的手段；賣假貨、假藥、掉包、暗扣應附帶的配件牟利，胡亂開價坑遊客。導致與買客糾紛大打出手時有所見，遊客豈不止步？無異是殺鵝取卵的蠢笨行為。今日屋漏又逢連夜雨，不幸發生了雞隻「禽流感」流行症更使遊客裹足。夫旅遊業的收益分有形及無形，相互有著深遠的效益。歐美富裕的國家如美、法及意大利等在旅遊業方面仍至為重視，故每年在這一方面的收益亦冠於全球。

據悉董特首建華上任後即有壓低樓價之想，計劃大量興建一般受薪階級有能力以分期十、十五年低息付款的住家單位。以量制價使飆升過火的房地產降溫。讓港人居者有其屋，不再為房租日高而操心，同時降低通貨膨脹率至百分之三以下。納經濟於正軌，這是一件大喜事。

更寄望特區政府實施不二價標價律，大家正正派派的經營。貨真價實，童叟無欺，徹底消滅不法坑遊客的害群之馬，贏回「香港是購物天堂」的美譽！這將是變好的「變」。

一九九七年聖誕節

聖誕前夕筆者影於香港一購物中心

水餃一碗多少錢

五十年代海峽尚瀰漫著煙硝戰火。陽春三月台北市清新的空氣靜止凝重，初晨中山北路五條通小巷子，清涼又落寞。幾戶高級住宅髹著鮮紅油漆的木門，圍牆上標貼著「檢舉匪諜人人有責」的標語，引趄路人啟開惺忪雙眼。偶爾一輛三輪車，咿呀咿呀有氣無力地劃破了靜寂的晨靄。街角王老伯那賣水餃、陽春麵的小攤，一分不差地開始他一天的營業。王老伯一副憨厚刻劃著滄桑的臉龐，正忙著打開煤渣爐的通風口，昇火保溫一大鍋的「高湯」。獨女阿英上學前總會來幫忙應付這一段生意最好的時間。她一身中學白衣黑裙校服，一頭清湯掛麵短髮，一臉毫無表情的面容，有點蒼白又平凡，卻淹埋不了青春脫俗氣質；大哥抗日戰爭為國捐軀，二兄又在內戰中陣亡。輾轉隨雙親撤退來到這個舉目無親的寶島；一對高齡的爹娘，一個伶仃小姑娘在戰爭中成長，逃亡中掙扎，中國人何辜？我要控訴！無聲的抗訴。欲哭無淚。「小姐，睡覺一晚多少錢？」一位操國語不純正的中年人這樣問。「水餃大碗八毛、小碗五毛」阿英毫無表情。機械式的回答這位有意無意想吃豆腐，欺侮她的食客。時間流水逝去，這位歷盡苦難的女孩，總是以那毫無表情清純的面容，平淡機械式的答話來保護，化解這些無聊想討便宜的食客。

日子過得很快，阿英考上了高中，那年代我每到台北，通常下榻於中山北路五條通「皇后大飯店」，偶爾起床早，都會去王老伯那裡吃碗別有北方風味的水餃。阿英成熟了，對於「睡覺一晚多少錢」也聽慣了。唯一不變的是她那副毫無表情，平淡得出奇的臉龐兒，機械式的答話，仍然在維護她自我的尊嚴及讓那些輕浮想討便宜的食客，自討沒趣。

那一個星期天清晨我再去光顧王老伯的麵食攤；「小姐睡覺一晚多少錢」我老樣子地問，她老樣子答著，毫無表情平淡又無奈。「水餃一碗八毛」，她匆促地答。「那有這樣便宜，小姐！」我滑頭地答。她終於噗嗤一笑，笑得那麼純真可愛，就像當天遲到的太陽，從東岸慢跚跚地爬過中央山脈，帶著彩雲照耀大地，台北市在明媚的春光中展現。

一九九九年九月九日

「東華三院」的善舉

港、中、菲，紙業界名人梁契權、譚鳴鸞夫婦，二十五年櫛風沐雨創業有成，長子年方廿二即榮獲英國最高學府「劍橋大學」碩士學位，返港後不旋踵又為國際金融公司「摩根士丹利」，聘為亞洲有限公司經理。(MORGAN STANLEY)

作為一個見證梁君一家廿餘年來飛黃騰達的成就，我為他們祝福道賀。

三月下旬我收到了一張不平凡的請帖：香港「東華三院」董事局就職典禮的請帖，又獲悉梁家公子「定宇」者番又被「東華三院」所羅致，成為最年輕的董事局總理之一。本來我對香港「東華三院」的認識是一片空白；直至最近台北市長「馬英九」訪問香港時，特別騰出時間前往「東華三院」走訪其所屬的醫院，院方並特別贈送他一份他在該院出生的記錄副本及該院目前龐大的組織匯報，而成為馬市長訪港的意外收穫。

「東華三院」是百年前的一個慈善組織，大概是因那年代有「養老院」、「醫院」等三個院而命名沿用至今。唯今日的「東華三院」已不是當年的區區三院矣。（一八六九年成立）

「東華」目前擁有醫院五家、中級學校十六所、實用醫院及小學廿所、幼稚園十三間、安老服務單位、老人院及護理中心計有三十四家；兒童、青少年服務中心、公共服務、文物館等數十單位，星羅棋佈在港九各地區，不勝枚舉。可見其服務範圍之廣闊、機構組織人才之多、財力雄厚之一斑。

四月二日就職的新屆主席、副主席共有六位，均曾經先後服務「東華」數年或十數年、德高望重的慈善家，餘者十四位新屆總理只有三位是連任，餘者十一位則為第一次被遴選的新秀。是日就職的廿位董事局精英，平均年齡可能不會超過四十五，皆為年壯力富的精英；具有「學士」、「博士」、碩士學位者計有十二位之多。可見被羅致為董事局的成員均為學有專長、才高八斗的善士。不但學問素質要高、經濟能力亦不能不成比例。畢竟這是慈善事業。萬事非財莫舉。榮任者不但要負起實際工作，同時獻捐巨款，如梁君定宇，據說亦獻捐他在「摩根」任職的全年薪水，金額百萬港幣。可能也是這一個原因、故董事局每屆任職只有一年，雖然可以連任，但是每屆一年的選舉還是聰明的安排。讓菁英朝氣川流不息、服務廣大民眾。

四月二日筆者偕內子秀蘭專程前往香港，參加「東華三院」庚辰—辛巳年新屆董事就職典禮」，典禮是假香港上環普仁街，「東華醫院」大禮堂舉行，這一大廈禮堂忖量應該有半世紀以上的屋齡，古色古香滿壁或懸或彫著文物畫像、尤以歷屆董事的瓷像，更是林林總總體現百年歷史的遞嬗。

十時許往會場的街段車水馬龍、華服盛裝熱鬧非凡。十一時許監誓員；香港民政司司長林煥光太平紳士親蒞監誓並致祝詞。略謂：『「東華三院」創立於今已有一百三十一年，由一小規模的醫院，發展為本港最主要的慈善機構……「東華」龐大的服務組織擁有七十七個服務單位，為過百萬市民提供多元化的服務……「東華」去年籌募高達一億九仟餘萬之善款、充分印證了各界對「東華」的認同……』就職典禮在隆重喜氣洋溢氣氛中結束。當晚「東華」又假九龍「麗晶大酒店」舉辦了盛大的聚餐會、共同慶祝新屆董事的產生。

翌日與友人梁君夫婦握別步上歸途，在回程的飛機上我曾這樣想：「東華」這一慈善機構的產生與「菲律賓華僑善舉公所」，（今改為菲律賓華僑善舉總會）有殊多相似的歷史，諸如年代均為百年的組織、同時亦是以醫院濟貧為主要服務，但是百年後的今日，香港的「東華」和我菲華的「善舉」的規模，能從何比起呢？真是小巫見大巫。

記得商總故理事長鄭龍溪先生在其任內曾經有改革「善舉」的構想；讓「善舉」成為真真正正，「公產公管」，而由全華社來輸錢出力發揚光大，造福清寒華人。唯當年「公產私管」已根深柢固，鄭先生知難而退不了了之。

這次「東華」新屆董事之中，筆者發現了一位有點面熟的陳守仁總理，經查閱資料始知他是菲華聞人之一，畢業於「岷里拉計順學院」。現任菲華泉州公會會長、世界舜裔聯誼會常務委員會主席等要職。這位菲華聞人今次榮任「東華」董事、就職時也捐出港幣壹佰肆拾陸萬元。基此，事在人為，只要「善舉」的領導人以身作則，董事每屆就職時獻捐巨款拋磚引玉，禮訪名宿菁英每年輪替領導，有如「東華」之所為，迎頭趕上「東華」可期。

二〇〇一年四月十日

作者夫婦影於香港「東華三院」禮堂入門處

厚與黑

童年時代，不幸遭逢抗戰，半壁河山陷敵，幾經遷徙，孤兒寡母逃難來「菲律濱」依親，幾年的安居上學，旋又日寇南侵，菲國淪陷，失去了四年正規求學的黃金年代。光復後半工半讀時，一股強烈的求知慾油然而生，常以與入息不成比例的「大手筆」購置書籍。曾經以一個月的薪水九十元菲幣買了一本商務印書館出版的「辭源」。更千方百計搜購當時的「禁書」如：馬克思的「資本論」、李宗吾的「厚黑學」及「肉蒲團」等。雖然讀了只一知半解，卻滿足了幼稚的好奇心和求知慾。

日前閒來重翻塵封已久的「厚黑學大全」，不禁眼睛為之一亮，書中所描述的厚、黑人物竟然栩栩如生呈現眼前。

厚是厚臉皮，黑是黑心肝。根據「李宗吾」大師的分析，整個中華歷史，代代「人才」輩出如三國的奸雄首推曹操，他的特長全在心肝黑，他殺呂伯奢，殺孔融，殺楊修又殺皇后皇子，悍然不顧，且說：「寧我負人，毋人負我」。心肝之黑達於極點。有了這本事，當然稱雄於世。其次要算「劉備」，他的特長全在臉皮厚，他依曹操、依呂布、依劉表、依孫權、依袁紹，東竄西走寄人籬下，恬不為恥，而且生平善哭，遇到不能解決的事情，對人一哭，立即轉敗為勝，所以有人說：「劉備」的天下是哭出來的。再說「孫權」他與「劉備」結盟，雖有郎舅之親，忽然取荊州，殺「關羽」，心肝之黑彷彿「曹操」，無奈黑不到底。跟著向蜀請和，黑的程度稍遜「曹操」。他與「曹操」比肩稱雄，忽而在曹丞駕下稱臣，臉皮之厚，彷彿劉備，無奈厚不徹底。跟著與魏絕交，其厚的程度略輸劉備。他雖黑不如曹操、厚不及劉備，卻二者兼具，也不能不算是英雄，三人各施本事，故當時天下，不能不分為三矣。

後來「曹操」、「劉備」、「孫權」相繼去世，司馬父子乘時崛起，他能欺人寡婦孤兒，心黑如曹操，能夠受巾幗之辱，臉皮之厚甚於劉備，讀史見司馬懿受辱這段事，不禁拍案大叫：「天下歸司馬氏矣」。「諸葛」武侯，天下奇才，遇到「司馬懿」還是沒有辦法，他下了「鞠躬盡瘁、死而後已」的決心，終不能取得中原寸土，可見王佐之才亦非厚黑名家之敵手。

李宗吾大師更舉出：一部廿四史，可一以貫之；漢之項羽，蓋世英雄，為何自刎烏江，貽笑天下。他失敗的原因，如韓信所說：「婦人之仁，匹夫之勇」，鴻門之宴與「劉邦」同席，偏偏徘徊不忍下手殺「劉邦」，垓下之敗，渡過烏江，仍可捲土重來，他偏偏說：「……

無顏見江東父老……」而枉死烏江，均因臉皮不厚、心肝不黑之故也。再者：越王勾踐，會稽之敗，越王自貶身為吳王之臣，妻入吳宮為妾。後來舉兵破吳，夫差遣人乞情，甘願身為臣，妻為妾，句踐毫不鬆手，非把吳王夫差置於死地不可。其厚其黑可圈可點堪稱豪傑。

今引證「馬可斯」總統，一九七二年實施戒嚴令，解散國會，拘禁反對派人士，集軍、政、立法司法於一身，勵行獨裁統治，偏偏面皮不夠厚，而搞民主的選舉，重設國會，甚至為了證明他還受多數人民的肯定，宣佈舉行中期選舉，導致一九八六年的二月革命，誠為「匹夫之勇」。

一九八六年二月廿二日下午，國防部長「茵里例」、代參謀總長「藍慕斯」，在「亞銀那洛」軍營，宣佈叛離馬可斯政權。翌日二月廿三日，是關鍵性的廿四小時，當日響應者只有三、四百人，倨於軍營，只要他放手由參謀總長迷爾去動武，茵里例、藍慕斯的命運將不堪設想，惟馬可斯當晚尚頻頻阻止迷爾將軍動武的要求，庶免導致流血慘劇，豈知二天後（二月廿五日）大勢一發不可收拾，致被逼逃亡美國，最後死無葬身之地，豈非「婦人之仁」所誤。

君不見，六四「天安門」民運，鄧、李若不把心一橫而動武，今日中國政壇改觀矣。

筆者處事一貫小心，惜早歲沒有詳讀「厚黑學」而致碰到厚黑人物，無法招架，吃了不少悶虧，悔之已晚。

「厚黑學」發表於民國元年，「由於離經叛道」一時讀者譁然，頗受爭議，銷售越旺，數度再版，曾列為禁書。到底「厚黑學」是善或惡，該書的序、跋上寫的最為中肯：「……『厚黑學』無所謂善，無所謂惡，端視用之如何耳。如利刃然，用以誅叛逆則為善，用以屠良民則惡，善與惡，何關於刃？……吾人熟讀此書即知厚黑中人比比皆是，庶幾出而應世，不為若輩所愚……」

讀者諸君只要您詳為觀察，當會發現週遭厚黑人物何其多！

一九九一年七月七日

快捷舒適的ＬＲＴ

ＬＲＴ輕軌電車是屬於中量級的捷運系統的一種，目前已在本國營運三年有餘，雖然由於貸款利息負擔不貲，仍然處於經濟拮据狀態。唯這條全程只有十五公里的捷運系統卻是本國自一九四六年獨立以來，最為成功的一項公共設施，不但方便了數以百萬計的中下階層市民，且在管理方面也冠於其他的國營機構。

ＬＲＴ由加洛干 MONUMENTO 圓圈起至 BACLARAN 全程十五公里，共有車站十八座，不到一公里就有一車站可以上下車，十分利便。由第一站至最後一站，費時不會超過三十分鐘，在今日本市一般交通情形，就使是自用汽車最快也要一小時才能抵達，遑論遇到「塞車」那就要看你的運氣了，多費一個半小時也是司空見慣的事。

ＬＲＴ途經巴石河南北人口最稠密地區，收費便宜，短程菲幣一元，全程三元，每五分鐘不到就有一班車，舒適快捷。難怪備受學生及上班族等廣大民眾所喜愛。

在ＬＲＴ高架上觀看市容，會有另一番風味及感觸。週日閒來偕內子由加洛干首站搭乘

ＬＲＴ至 BACLARAN。當拾級而上至車站，頓時令人精神一爽；車站下積水污泥處處、雜亂堆積的沙土，建築廢料；那是 GOTESCO GRAND CENTRAL 自二年前興建以來，就佔據了行人道及成半的馬路，這種漠視行人大眾權益及安全的情形在本國已是「家常便飯」不足為奇。甚麼叫做社會成本，更沒有人去理會它！

ＬＲＴ的車站清潔寬敞、沒有令人厭惡的路販攤販、上下車秩序井然沒有爭先恐後的惡習。難能可貴的；車廂內沒有看到那些永遠以為有吸菸自由而漠視他人也有不被煙燻自由的癮君子。本國不守秩序缺少公德心的惡習，好像在ＬＲＴ都變了，上下車既不爭先，也不爭座位，在車上也沒有看到吃零食扔紙屑的壞習慣。

ＬＲＴ每部車有二節車廂，有座位一百六十位，站位約二百位，據說每日搭客二十萬至三十萬人次。乘ＬＲＴ川行在高架上暢通無阻十分準時，景觀好，雨天可避過凹凸不平的道路積水，晴天又無黑煙飛塵之苦。過了巴石河，眼前一片清朗，宏偉的郵政大廈、岷市府的鐘樓，右邊政府大廈櫛比鱗次，黎剎公園青翠連綿與在左邊的大學群相映有緻。乘搭ＬＲＴ不僅是一種快捷舒適的交通工具，且是一種「享受」。可惜只有這一條，無法服務更多的市民，讓我們再建輕軌三五條，俾使萬千市民盡歡顏！

一九九〇年十月十六日

由一本辭典說起

一九四九年受維宣兄（白雁子）的鼓勵，開始學習寫作，並將習作投稿公理報及重慶日報副刊，時深感學力不足、下筆困難，仍毅然用一個月的薪水去買一本有五寸厚嶄新的「商務印書館」出版的「辭源」。這本辭典遂成為我的「案上老師」將近五十年，雖然它尚未屆「知天命之年」，仍健康如昔；然而半世紀以來，這個世界上的「人」、「事」、「物」、變化至巨，無論是語彙、地理、物理、醫藥、科技等，遞嬗變化無窮，滄海桑田，已沒有辦法再去請教「它」了。

今日資訊之快，世事變化之多，往往令人直「跟不上」的感覺，以近期出版的大陸、臺灣的字典，辭典來言，也老是跟不上日新月異的事物，落後了三五年是常見的事。其實就使是：受世人所推崇的「大英百科全書」(ENCYCLOPAEDIA BRITANNECA)雖然每年都有出版一本「增訂本」(BOOK OF THE YEAR)。唯有時也會延遲了一兩年才把新事物刊載入冊。

年初讀美國出版，學術界評價很高的「國家地理月刊」(NATIONAL GEOGRAPHIIC)的一篇文章，編者慨嘆：「……我們於一九九〇年費了九牛二虎之力，重新修訂，完成了本刊第六版最新的世界地圖，預期它最少會適用數年，甚至十年，沒有想到一九九一年蘇聯(USSR)及南斯拉夫(YUGOSLAVIA)的分裂，又產生了廿個新的國家及國界，更甚者，成千上萬的地名也需重改……」可見吾人若「追不上」也是等閒事！茲將蘇聯十五共和國之國名國旗附下以饗讀者，並希兩岸的外交部能早日宣佈「統一的」中譯名稱。

一九九三年二月九日

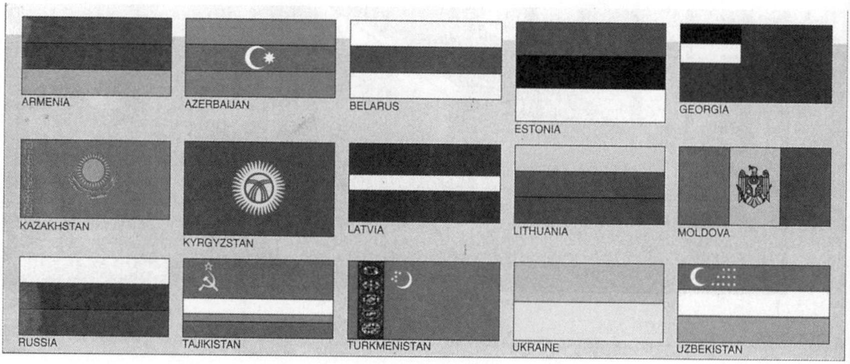

蘇維埃聯邦十五共和國之國旗

瀛寰鴻爪

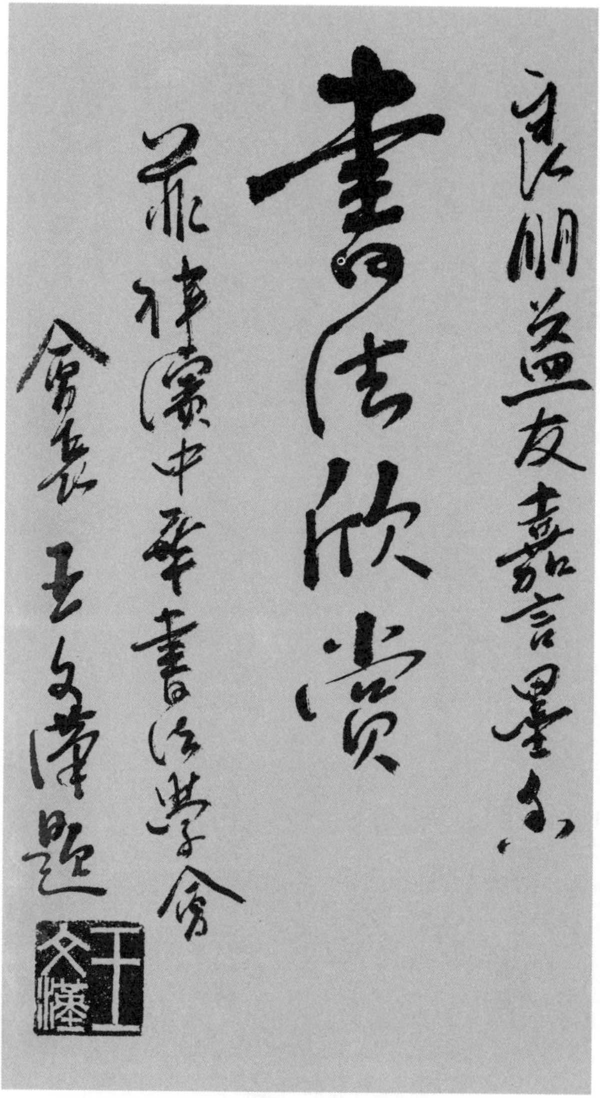

「書法欣賞」題字　王文漢

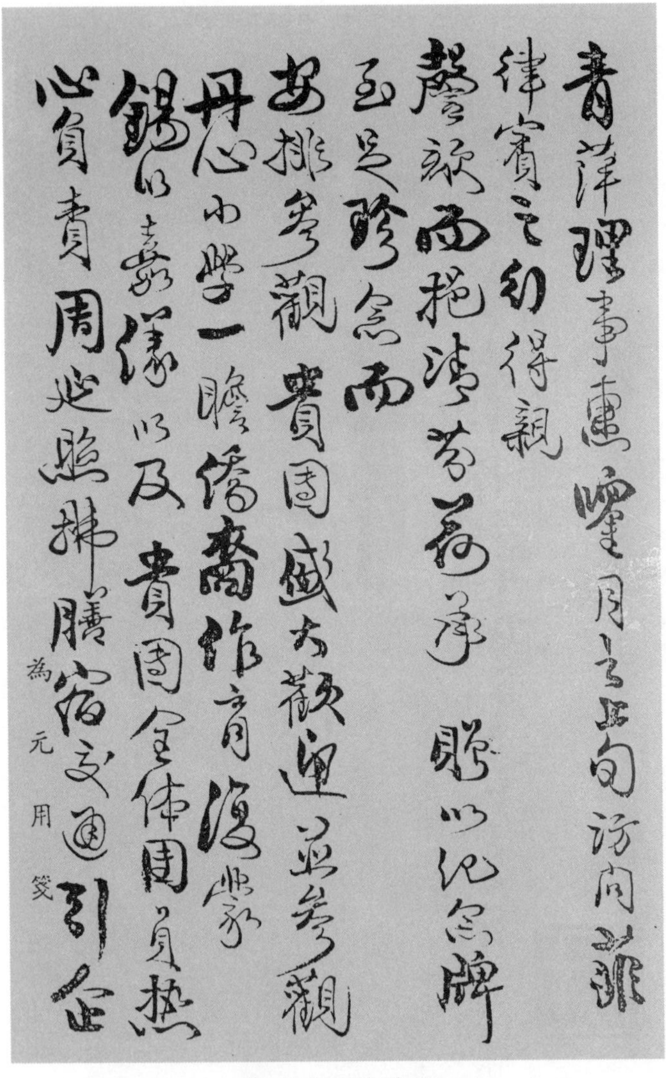

鄭爲元上將賜函
（中華民國前國防部長）

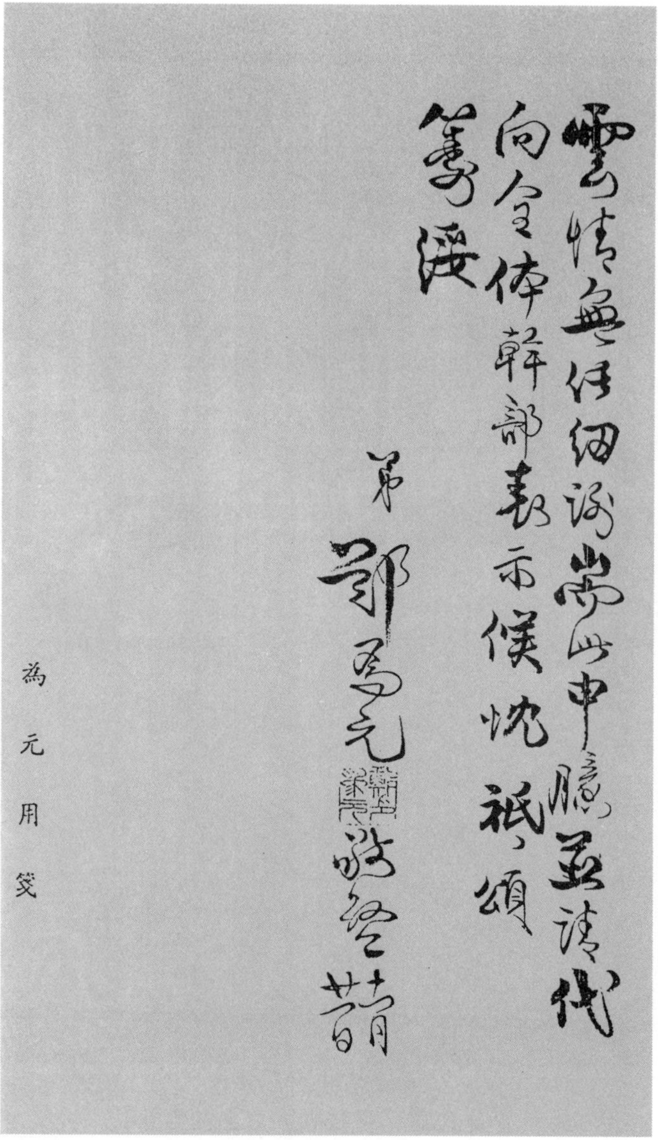

雲情無限細談，當此中腸，至請代
向令侍韓部長示候，恍祇頌
籌綏
弟 鄧爲元 敬啟 十月廿日

爲元用箋

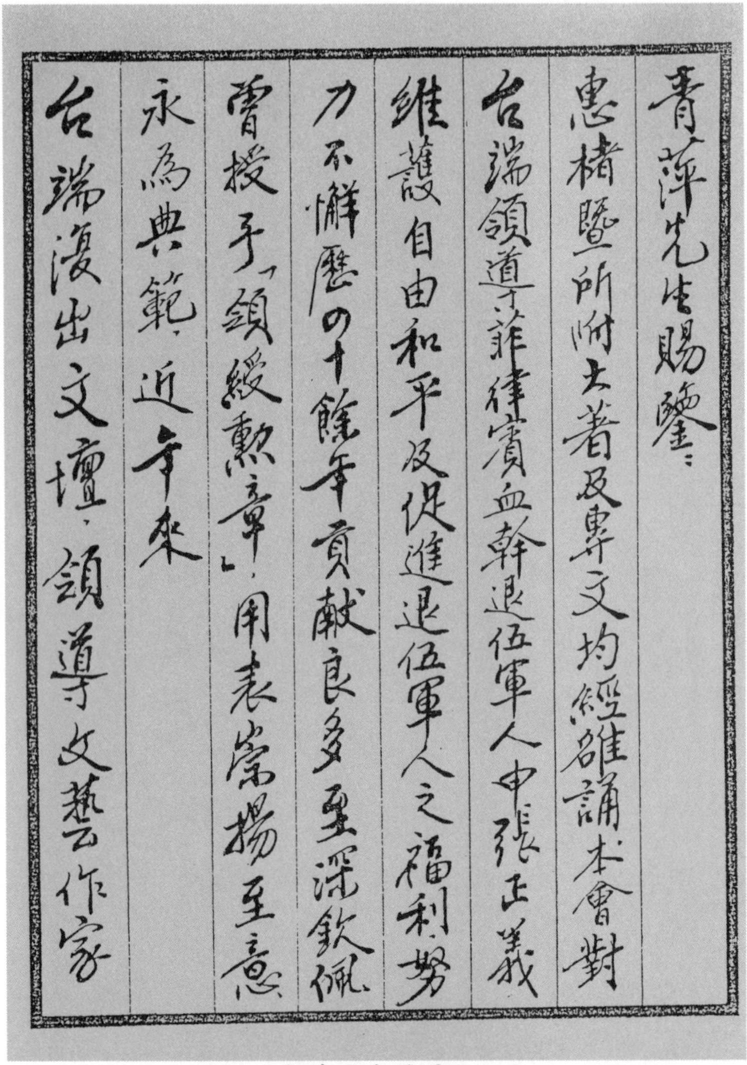
青萍先生賜鑒：
惠椷暨所附大著及專文均經雒誦，本會對
台端領導菲律賓血幹退伍軍人中張正義
維護自由和平及促進退伍軍人之福利努
力不懈歷四十餘年貢獻良多至深欽佩
曾授予「領綬勳章」用表崇揚至意
永為典範。近年來
台端復出文壇，領導文藝作家

楊亭雲中將賜函
（中華民國「退輔會」前主任委員）

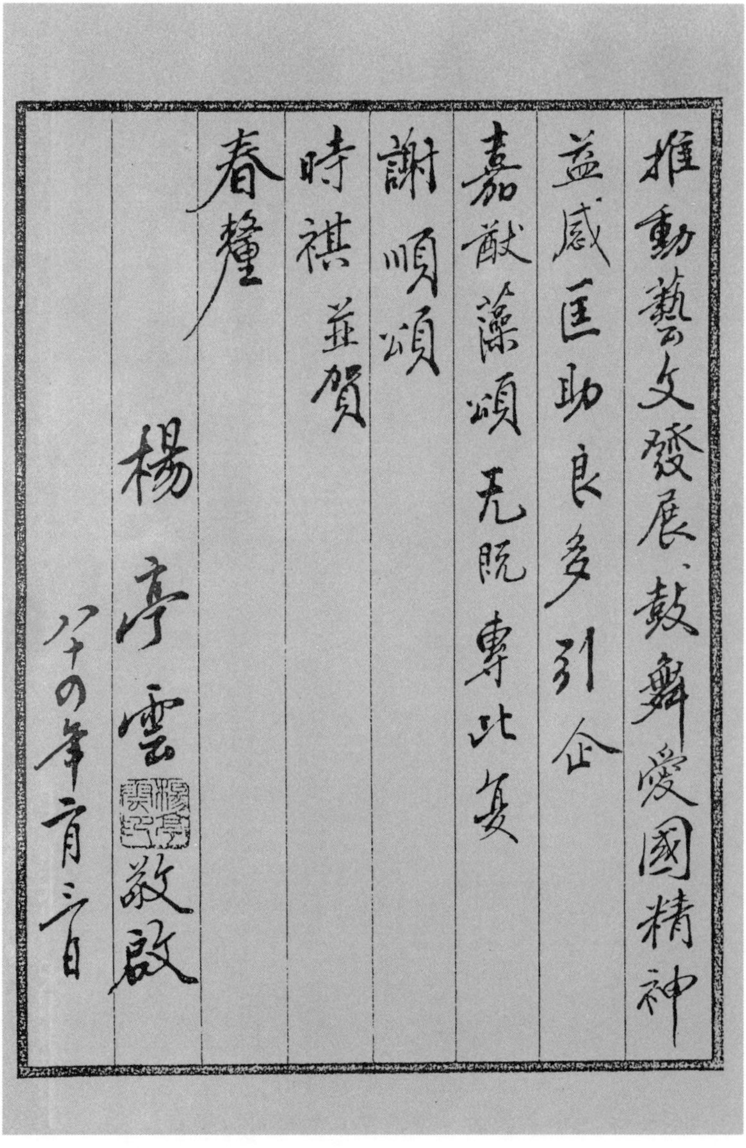
推動藝文發展，鼓舞愛國精神
益感匡助良多，引企
嘉猷，藻頌無既。專此复
謝，順頌
時祺，並賀
春釐
楊亭雲 敬啟
八十四年元月三日

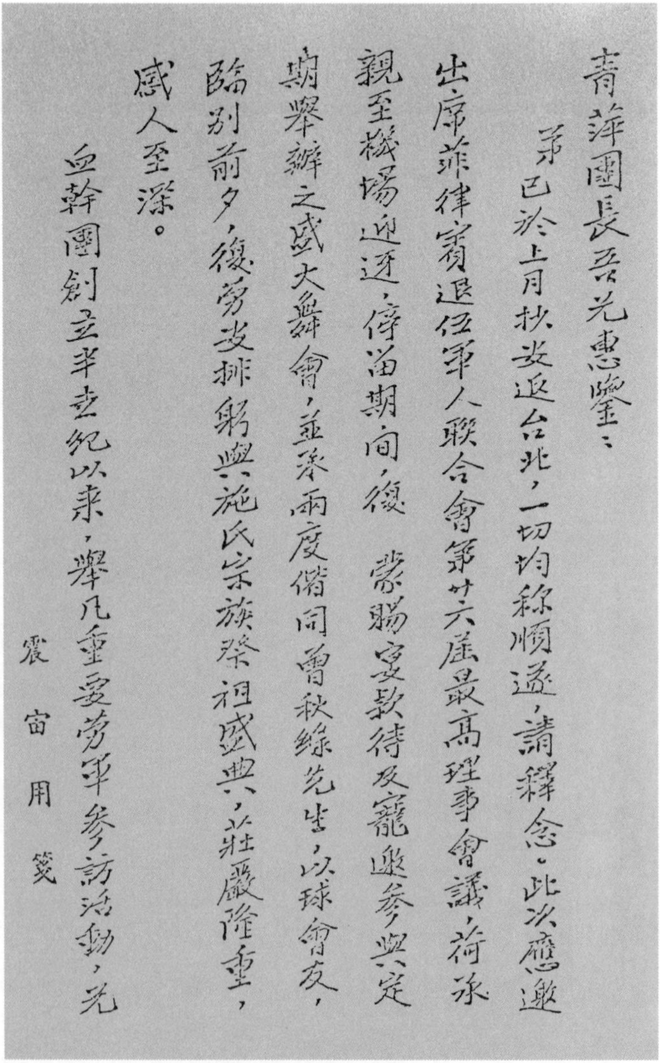
青萍團長吾兄惠鑒：
弟已於上月杪安返台北，一切均稱順遂，請釋念。此次應邀
出席菲律賓退伍軍人聯合會第廿六屆最高理事會議，荷承
親至機場迎送，停留期間，復 蒙賜宴款待及寵邀參與定
期舉辦之盛大舞會，並承兩度偕同曾秋緣先生，以球會友，
臨別前夕，復勞安排參與施氏宗族祭祖盛典，莊嚴隆重，
感人至深。
血幹團創立半世紀以來，舉凡重要勞軍參訪活動，先
震宙用箋

施震宙中將賜函
（中華民國「退輔會」故前副祕書長）

必率躬行，自任團長以來，即本犧牲享受，身先士卒之精神，為團員服務，任勞任怨，大公無私，尤以冷靜沉着，舉重若輕，最為同仁所激賞。 貴團能精誠團結，欣欣向榮之領導有方，實為主因，殊堪欽佩。

尊夫人溫馨賢淑，待人親切有禮，賢伉儷鶼鰈情深，堪稱神仙眷屬。此行渥 蒙優遇，並 惠賜紀念珍品，雲情高誼，曷勝銘感，特箋致意，藉申謝悃。耑此祗頌

時祺並賀

震宙用箋

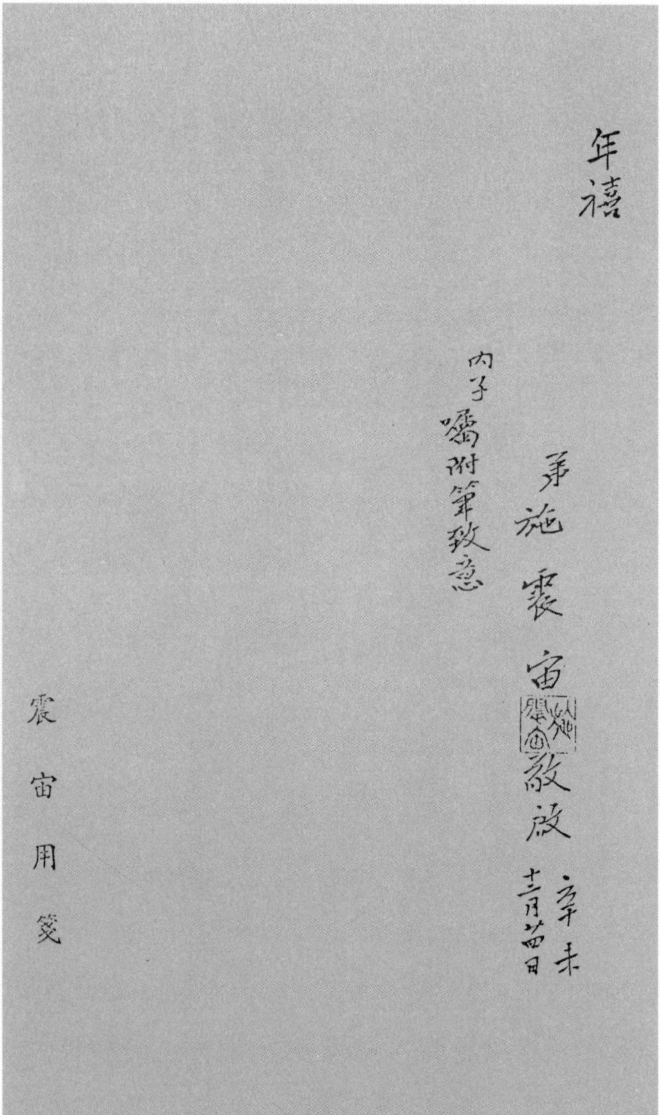

年禧

弟施震宙敬啟 辛未十二月廿四日

內子囑附筆致意

震宙用箋

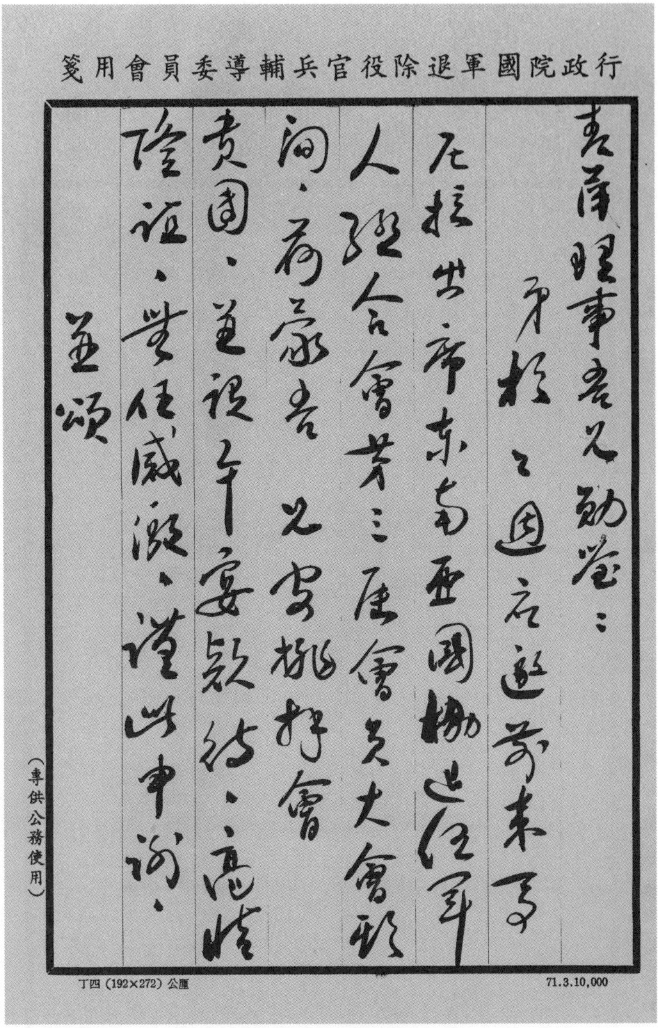
行政院國軍退除役官兵輔導委員會用箋

青萍理事長兄勛鑒：

（專供公務使用）

丁四（192×272）公匯

71.3.10,000

劉明琳將軍賜函
（中華民國「退輔會」除役將官）

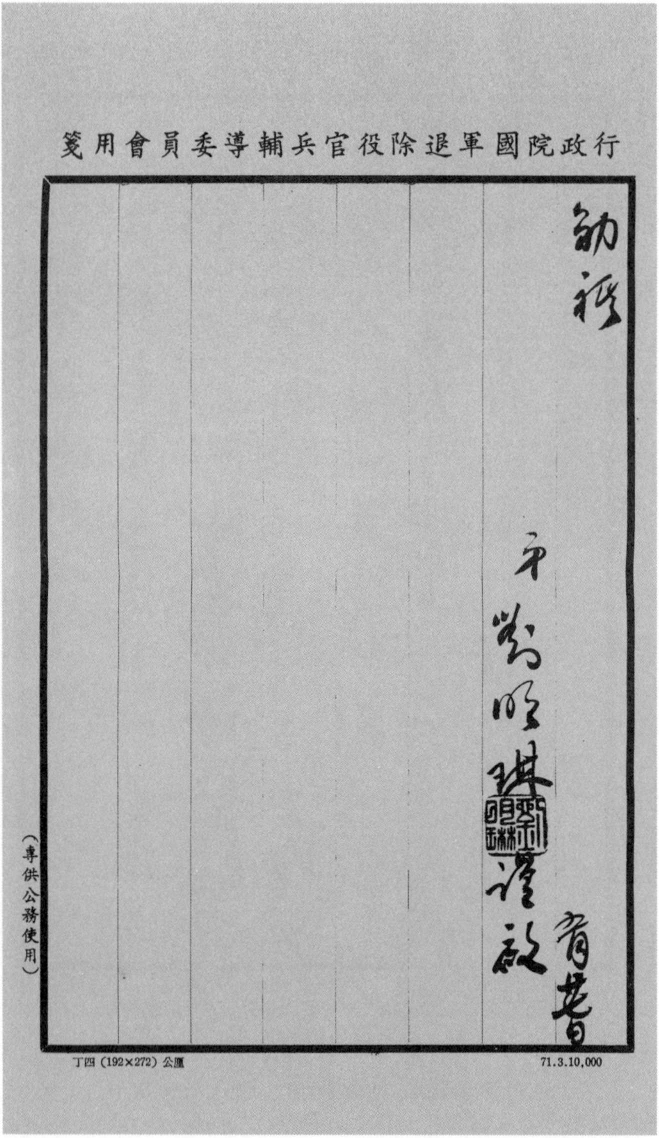

行政院國軍退除役官兵輔導委員會用箋

勛綏

弟 劉明琪 謹啟

省書

(專供公務使用)

丁四（192×272）公厘

71.3.10,000

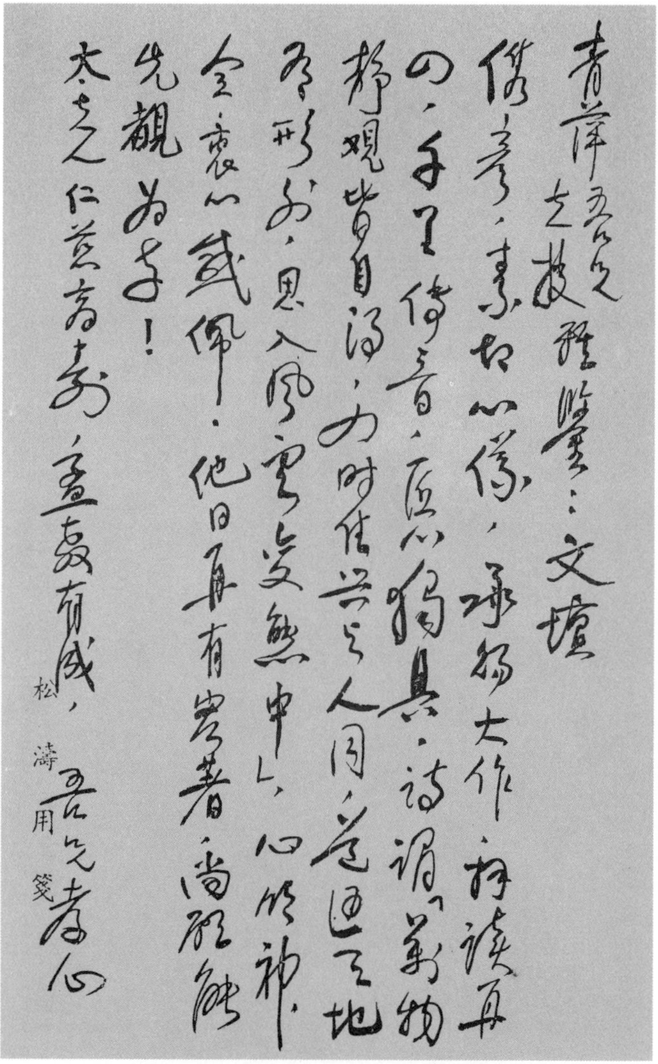
青萍吾兄
之教雅鑒：文壇
俊彥，素具心得，承賜大作，拜讀再
四，手不釋卷，匠心獨具，詩詞萬物
靜觀皆自得，四時佳興與人同，道通天地
有形外，思入風雲變態中，心領神
會，衷心感佩。他日再有宏著，尚祈
先觀為快！
太太之仁慈高義，盡處有成，
吾兄孝心
松濤用箋

徐文彧中將劉惠珍女士賢伉儷賜函
（中華民國前陸軍中將）

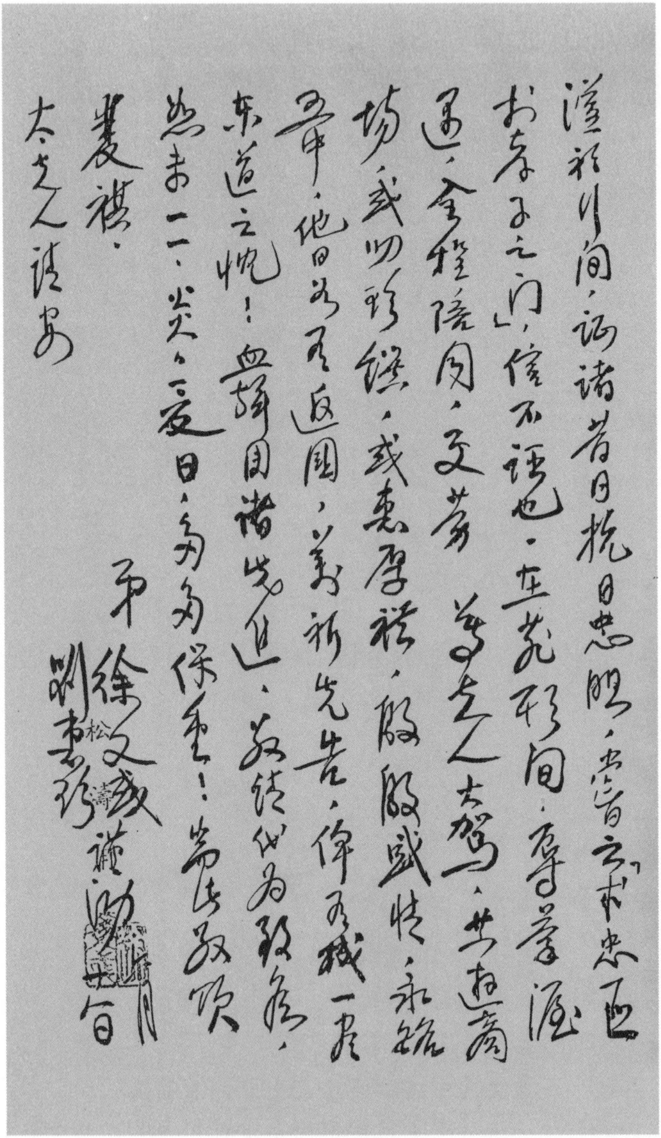
瀛社川間，訪諸昔日抗日忠朋，古云「求忠臣
於孝子之門」，信不誣也。在荒郊野間，尊翁涵
遇，全程陪同，又蒙 尊夫人大駕，共赴遺齋
場，或以珍饌，或惠厚禮，殷殷盛情，永銘
五中。他日如有返國，必請預先告，俾可稍盡一點
東道之忱！無論同諸先進，敬請代為致候，
恕未一一。炎炎夏日，多多保重！耑此敬頌
夏祺，
太夫人請安
弟 徐文盛 松濤 劉惠珍 謹啟 月廿日

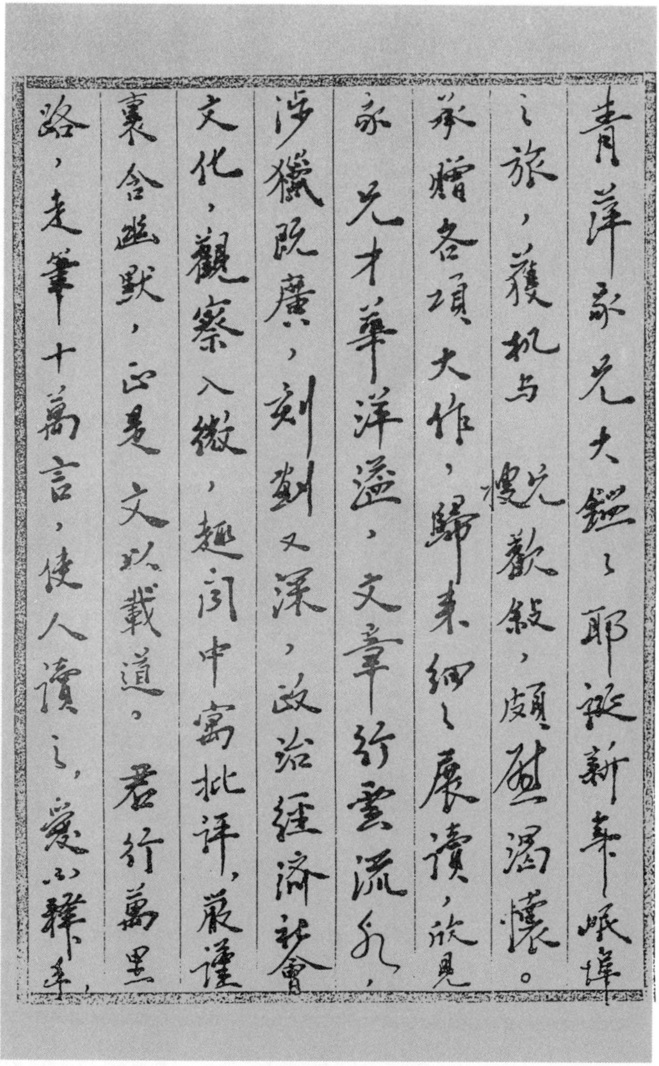

青萍宗兄大鑑：耶誕新年峨嵋之旅，獲機與兄歡敘，頗慰渴懷。承贈各項大作，歸來細細展讀，欣見宗兄才華洋溢，文章行雲流水，涉獵既廣，刻劃又深，政治經濟社會文化，觀察入微，趣聞中寓批評，嚴謹裏含幽默，正是文以載道。君行萬里路，走筆十萬言，使人讀之，愛不釋手，

李光億先生來鴻
（中華民國前傑出外交官）

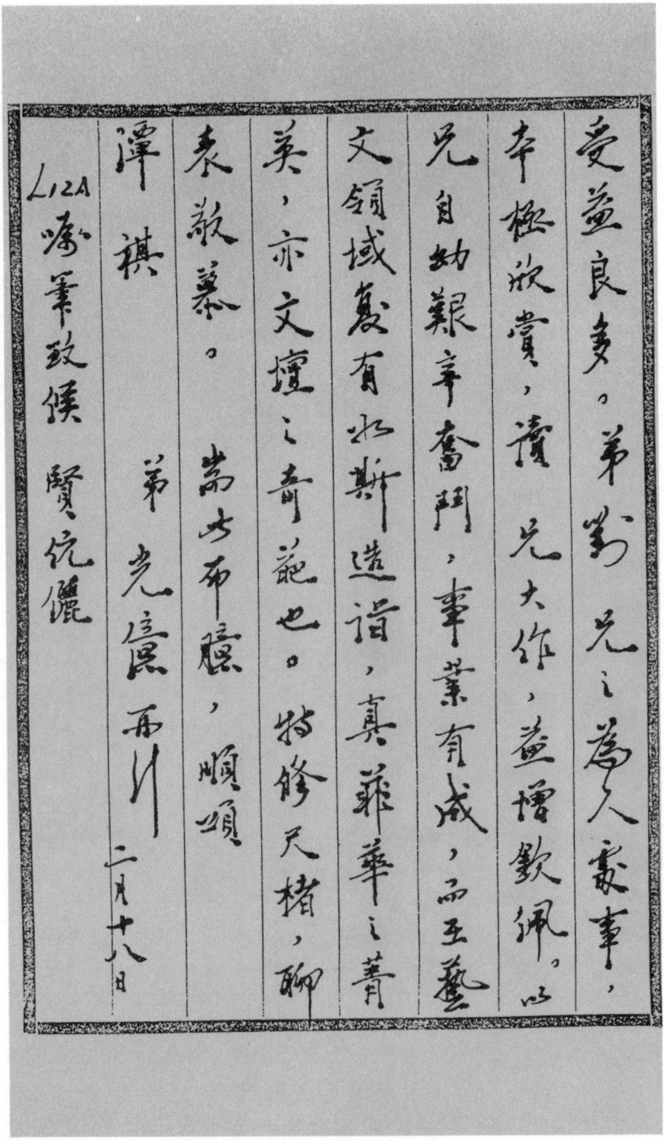
受益良多。弟對兄之為人處事，本極欣賞，讀兄大作，益增欽佩。以兄自幼艱辛奮鬥，事業有成，而在藝文領域復有如斯造詣，真菲華之菁英，亦文壇之奇葩也。特修尺楮，聊表敬慕。 耑此布臆，順頌

潭祺

弟 光億 再拜 二月十八日

L12A 囑筆致候 賢伉儷

其他

「晨光」社訊

本社常務理事施青萍同工榮獲「國際人道傑出記錄學會」榮譽獎誌慶。

查此獎之慎重，每年受獎者廿人，唯一華裔受獎者，更是聞從未聞。今青萍同工是為第一位華裔榮獲此獎者，是青萍同工之光榮，亦為華社之光榮也。

「國際人道傑出記錄學會」獎狀

主持亞洲地區 1990–1992 年「國際標準舞會」點滴

亞洲地區絕無僅有的國際標準交際舞會，於一九九〇年至一九九二年，由以曾秋綠、施青萍、林西魯為首的一群愛好傳統國際標準交際舞的華、菲人士所主持，前後三年曾辦十五場大型標準交際舞會。與會者包括參眾議員，菲國政要，風靡菲、台、港各地同好。

歡樂今宵舞會資料：

1. 舞池為菲律濱廣場大飯店(PHILIPPNE PLAZA HOTEL BALL ROOM)全菲唯一有國際標準交誼廳及舞池。
2. 入場券只限四百五十人。
3. 蜚聲海內外 26 人的 IGGY DE GUZMAN 大樂隊。
4. 用餐時由華人 VIP 樂友會提供娛賓節目。
5. 舞會準時於晚間七時開始至十一時半止，絕對準時。

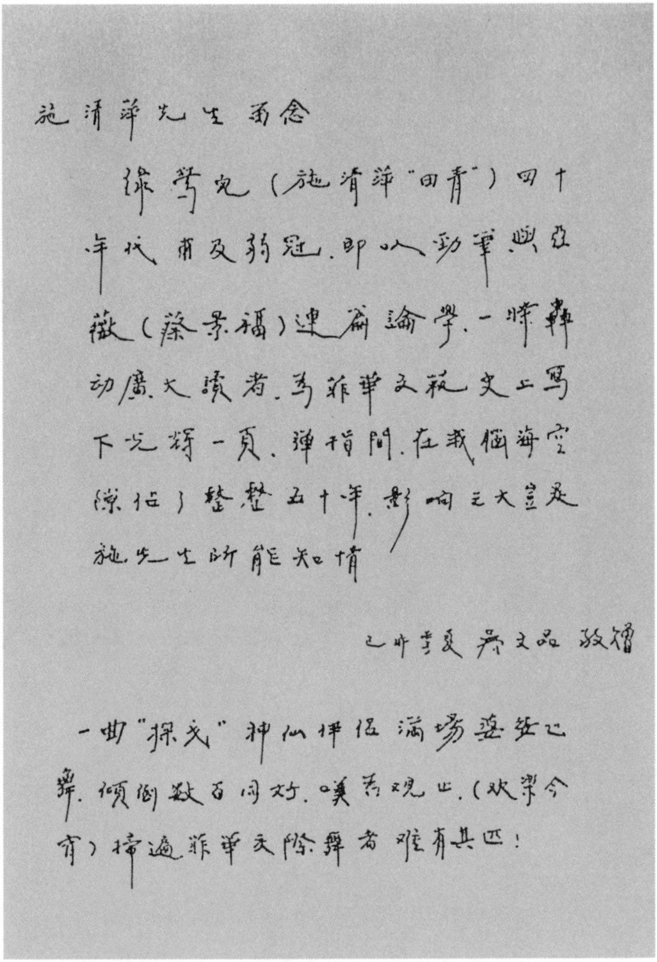

施清萍先生留念

孫葉光（施清萍"田青"）四十年代甫及弱冠，即以勁筆與孫徵（孫景福）連篇論學，一時轟動廣大讀者，為菲華文藝史上寫下光輝一頁，彈指間，在我腦海空縈繞了整整五十年，影响之大豈是施先生所能知情

乙亥年夏 吳文品 敬贈

一曲"探戈"神仙伴侶滿場婆娑起舞，傾倒數百同好，嘆為觀止。（歡樂今宵）掃遍菲華交際舞者難有其匹！

「文藝講座會」上，名導演吳文品授作者主持「國際交際舞會」褒揚獎牌

千金不足惜　唯求常『歡樂』
萬事何須全　但願有『今宵』

1992 年 11 月，亞洲地區國際標準舞會在菲律賓馬尼拉舉行，入場券之一

編後贅語

許希哲

去年秋末及季冬，青萍兄先後兩次，親來台北；將本書全部資料託付，並委以整編、出版專任。奈何人生無常，陰曆年關前後，正想著手工作，竟罹患重感冒；始也來勢威猛，繼而瘉痊復發；流行病毒，循環肆虐，兩月有餘，賤軀幾難承受。待稍恢復原氣，又適逢數外賓接踵而來，勉強窮忙了近三週；青萍兄此大作，屈指已被我延累了數月，深心自責，怛怛忳忳，無以釋懷！乃一面致書青萍兄，略說拖遲因由。一面摒除雜務，振作精神，靜下來拜讀、整編青萍兄這冊列「寰宇記遊系列第三輯」的素材；已是暑氣漸熾的三月天矣。

說本書琳琅珠璣，鏗鏘有聲；頌頌耿耿，光采奪目，自可仁智互見，而我則以為是。其寫兩岸彳亍來去，宏觀著眼，識見卓越；小處瑣碎而不煩，藏溫馨情意於平常旅遊途次；字裡行間，洋溢著關愛，依依兩岸情，情貴在真摯，「兩岸依依」的情景，躍然紙上。

亞洲行腳，光「印度之旅」，文字就有四篇。「金三角搜秘」，也佔兩篇……筆觸所及，從繁榮的工商業、現代擁擠的都市，乃至於歷史、文物、古蹟……悠悠著墨，娓娓動人。看其踥蹀亞洲，行不枉步，時無虛廢，見聞抒感，鮮活清新；古人說「行萬里路，勝讀萬卷書。」，看本書「亞洲踥踥」數文，可謂旨哉斯言。

讀「鮮花王國荷蘭」一文，令人心嚮往之而驟生淡熏微醉之慨；再讀「遊輪的省思」，始信現代文明之炯炯迫人、輝煌成就的驕傲……而反覆細嚼「五十二週年『波茨坦宣言』有感」，霍然頓悟，浩嘆人類歷史的乖謬與殘酷，紅塵萬丈的悲哀！歐陸之行，容略躁急，有點意有未盡；也似意在言外，故闢列「歐陸蹌蹌」篇。

至「隨遇喋喋」及「瀛寰鴻爪」等，俱見人間高慧雅情，人文倫理，世俗瑣事，應對進退，取捨之間，深厚功力存焉。

拜識青萍兄，超過半世紀，憶昔少時乍遇，見其天生美丰儀，英挺拔萃；所到之處，莫不為目光聚焦，空間為之一亮，私心無限的欽羨中總挾帶些許嫉妒，上天何其不公哉……然人相參差懸殊，先天已定，莫可奈何！如今青萍兄雖已年過古稀，而歲月在他身上，依舊痕跡不顯，其人也，得天獨厚。

半世紀來，青萍兄業商有成；喜讀書、好寫作，推動菲華文運，建樹良多，功在僑社。尤愛旅遊，多次環遊世界，見聞廣博，觀察敏銳，感觸細膩。偶有評述，言必及義，得失了了，是非立判；爰口占四句，作為編後贅語煞筆：

宿志遨遊跨洋洲，
貿遷筆耕未曾休，
商場文壇一甲子；
行萬里路作自修。

關晉　**許希哲**　謹識
二〇〇一年八月